HIJOS DE LA IRA

clásicos castalia

DÁMASO ALONSO

HIJOS DE LA IRA

Edición,
introducción y notas
de

MIGUEL J. FLYS

Madrid

Zurbano, 39 - 28010 Madrid - Tel. 419 58 57

Cubierta de Víctor Sanz

Impreso en España - Printed in Spain
Unigraf, S. A. Móstoles (Madrid)

I.S.B.N.: 84-7039-475-4
Depósito legal: M. 31.582-1988

SUMARIO

INTRODUCCIÓN BIOGRÁFICA Y CRÍTICA 9

Observaciones generales 9
Panorama poético del siglo XX 13
Dámaso Alonso: su vida 16
Dámaso Alonso: su obra poética 22
Hijos de la ira 27

NOTICIA BIBLIOGRÁFICA 59

BIBLIOGRAFÍA SELECTA SOBRE EL AUTOR 63

NOTA PREVIA 65

HIJOS DE LA IRA 67

ÍNDICE DE PRIMEROS VERSOS 175

ÍNDICE DE LÁMINAS 177

A Felisa y Tamara, mis alas…

M. J. F.

INTRODUCCIÓN

BIOGRÁFICA Y CRÍTICA

Observaciones generales

Mucho se ha hablado de las características peculiares de la cultura española, que a lo largo de los siglos ha seguido con frecuencia un camino independiente del de otras naciones europeas. Se debe ello, en gran parte, a los factores generales (geográfico, político, religioso, etc.) que tienden a aislar a España del resto del continente y a comprometerla en una serie de empresas nacionales fuera del ámbito europeo. Este aislamiento, fructífero en algunas ocasiones, nefasto en otras, ha forjado una conciencia nacional que en cada momento busca su identificación y su inspiración creadora en la tradición genuinamente propia. Con ello no se pretende negar la importancia de las influencias externas que condicionan el desarrollo nacional y posibilitan la participación en los grandes movimientos culturales de la historia. Lo que sí se observa es que estas influencias, antes de fecundar el espíritu creativo, pasan por el crisol de la herencia cultural española, en el que se eliminan los elementos incompatibles con la tradición nacional. El resultado de este proceso, y hay numerosas pruebas de ello en todos los momentos históricos, es cierta continuidad básica en la evolución cultural en que la innovación se sumerge en la tradición, eliminando así rupturas profundas, sensacionalismos efímeros y reacciones violentas.

La tendencia a responder a los estímulos del ambiente nacional hace también que exista una mayor relación entre la vida cultural española y los acontecimientos históricos. Esta relación, sea afirmativa, de adhesión y compromiso, o negativa, de rechazo o evasión, manda que se tenga presente la totalidad de la vida nacional al intentar una explicación de cualquiera de sus aspectos particulares. En este sentido, resulta útil enfocar el panorama de la cultura española, en nuestro caso concreto de la poesía española del siglo XX, hacia el fondo histórico y los cambios político-sociales que moldean la vida y la estructura de la nación.

La historia de España en la primera mitad del siglo se encuadra en dos sucesos cruentos que provocan una profunda convulsión física y moral y en dos períodos de postración política, precio de una paz precaria. Son dos guerras y dos dictaduras: la Guerra de 1898 y la Guerra Civil de 1936; la dictadura del general Primo de Rivera (1923-1930) y la del general Francisco Franco (1939-1975). La relación que guardan estos sucesos con la historia literaria parece, a primera vista, innegable. Se admite hoy, aunque con algunos reparos, la denominación de dos generaciones literarias por su entronque en los eventos bélicos: la generación de 1898 y la generación de 1936.[1] Hay quien haya querido llamar a la generación intermedia (la de 1927) la "generación de la dictadura". Finalmente, el último grupo que nos interesa aquí, y que corresponde a

[1] Desde luego, la más discutible es la segunda. Fue 'inventada' por Homero Serís ("The Spanish Generation of 1936", *Books Abroad,* XIX, 1945, con una versión española, "La generación española de 1936", publicada por la Universidad de Syracuse, Nueva York, 1946) para definir al grupo de escritores, nacidos entre 1909 y 1915, cuya vida y obra fue afectada directamente por la Guerra Civil ("Así como una guerra fue la causa y el antecedente de la cristalización en España de la llamada generación de 1898, así también otra guerra ha originado una nueva generación que yo denominaría de 1936.") G. Torrente Ballester prefiere la denominación de "promoción de la República" por aparecer los primeros libros de sus autores durante este período.

los principios de la segunda dictadura, tampoco se libra de una vinculación con la situación política del país: el "garcilasismo" del primer lustro de los años 40 fue inspirado por el deseo de algunos de crear una expresión oficial del triunfalismo político del nuevo régimen. [2]

No obstante, esta vinculación no es totalmente justificable. La poesía española del período que comentamos (hasta la publicación de *Hijos de la ira,* en 1944) es esencialmente apolítica. Más aún, los momentos de mayor auge creativo se caracterizan no sólo por falta de interés, sino incluso por un consciente desdén por toda la problemática nacional, sea política, social o religiosa. Las pocas excepciones las encontramos sólo entre contados poetas y durante períodos breves (como el de la Guerra Civil) o en el exilio. La justificación, pues, de esta acostumbrada vinculación hay que buscarla fuera del contexto estrictamente poético. Se trata precisamente de esta característica peculiar de la vida cultural española que tiende a interpretar todos los fenómenos desde un punto de vista nacional. Contribuyen a ella cierto espíritu independentista peninsular que se resiste a aceptar las influencias extranjeras sin encontrar en ellas algo propio [3] o la ne-

[2] La formación del grupo se anticipa en la revista *Juventud, Semanario de combate de SEU.* Su primer 'manifiesto', publicado por Jesús Revuelta en el periódico gubernamental *El Español* (10 de abril de 1943), lleva el título de "Necesidad de un tempismo literario. Lo poético, lo teórico y lo religioso", y es seguido en el número siguiente (17 de abril de 1943) por una antología de poetas bajo el título de *Juventud creadora: una ética, una política, un estado* (frase reminiscente del endecasílabo de Hernando de Acuña, poeta y soldado del siglo XVI). Constituida la revista *Garcilaso* (1943), órgano oficial del grupo, el editorial del primer número traza el paralelo político-poético con Garcilaso de la Vega: "En el cuarto centenario de su muerte ha comenzado de nuevo la hegemonía de Garcilaso. Murió militarmente como ha comenzado nuestra presencia creadora. Y Todelo, su cuna, está ligado también a esta segunda reconquista, a este segundo renacimiento hispánico, a esta segunda primavera del endecasílabo."

[3] Piénsese, por ejemplo, en la reacción de Dámaso Alonso ante las preguntas de los periodistas sobre la influencia del existencialismo galo en España: "Por lo visto, españoles e hispanoameri-

cesidad de "nacionalizarlas", sumergiéndolas en las aguas bautismales de la tradición española. Pero, al mismo tiempo, hay una razón inmediata y sumamente práctica. Sabido es que el genio creador español es poco dado a la paciente labor sostenida en equipo. En la literatura española no abundan escuelas, corrientes o movimientos definibles por su carácter unitario, basado en una técnica o lenguaje comunes. Las grandes figuras son creadores independientes que no se ajustan a los estrictos criterios de una escuela, sino que reaccionan individualmente a los estímulos exteriores que con frecuencia proceden del ámbito nacional (por ejemplo, la humillación de la Guerra de 1898 o el desastre de la Guerra Civil). En muchos casos, estos estímulos no son rastreables en la obra misma, sino que constituyen el punto intuitivo de arranque o el trasfondo emocional que busca su expresión en temas diferentes. Tal es el caso, por ejemplo, de *Hijos de la ira.* Es comprensible, pues, que en vez de 'ismos' literarios se agrupe a los poetas de un período en generaciones, cuyas denominaciones se buscan en los sucesos nacionales, fácilmente identificables, por muy descabellada que sea esta práctica desde un punto de vista científico. [4]

En resumen, la poesía española del siglo XX, más que una sucesión de movimientos o generaciones definidas, es la historia de unos poetas que han dejado su palabra grabada en la conciencia del hombre y, a través de ella, han influido profundamente en la obra poética de los años posteriores.

---

canos tenemos la firme creencia de que siempre es menester que alguien nos colonice: ¡estamos aviados! ¡Pues no va diferencia (por lo que me dicen de Monsieur Sartre) de Monsieur Sartre a don Miguel de Unamuno!" (nota marginal en "La poesía arraigada de Leopoldo Panero", *Poetas españoles contemporáneos,* 3.ª ed., p. 333). Del mismo modo, varios poetas (D. Alonso, R. Alberti) reaccionan ante el surrealismo, encontrando raíces autóctonas en la poesía popular española.

[4] Una y otra vez se repite, y con razón, la crítica de que las llamadas "generaciones" no satisfacen los criterios establecidos de tal denominación (guía, caudillaje, rasgos comunes de técnica, lenguaje o temática, etc.), excepto el de la coetaneidad.

Panorama poético del siglo xx

El siglo xx se abre en España con la tendencia a eliminar el poderío del realismo positivista que predominaba durante la segunda mitad de la centuria anterior. Se busca una expresión más íntima y más artística, pero sin estridencias retóricas, típicas del romanticismo. La intensidad lírica dentro de una forma breve y sencilla y con hondura emocional es el anhelo de las generaciones jóvenes. Su modelo es la poesía de Gustavo Adolfo Bécquer, punto de inspiración y arranque para toda la poesía contemporánea. Dos fenómenos, coincidentes en el tiempo, impulsan esta transformación del lenguaje poético. Por un lado, el desastre de 1898 trae consigo el deseo de una regeneración del país, basada en una introspección íntima y en una expresión de la auténtica emoción humana al servicio de los valores espirituales, éticos y metafísicos. Por otro lado, la influencia del modernismo hispanoamericano, que pretende la renovación de la poesía por la vertiente estética del culto a la belleza sensorial. Los dos movimientos, aunque dispares en sus objetivos señalados, coinciden en varios aspectos de su realización poética: la eliminación de lo vulgar y cotidiano de la poesía realista, una depuración progresiva de los elementos retóricos y una expresión íntima y sencilla.[5] Dos movimientos, pero sobre todo dos poetas cuya voz guiará las generaciones sucesivas: Antonio Machado y Juan Ramón Jiménez. El primero, cuya palabra busca expresar el espíritu («Pensaba yo que el elemento poético no era la palabra por su valor fónico, ni el color, ni la línea, ni un complejo de sensaciones, sino una honda palpitación del espíritu"); el segundo, cuyo espíritu en su progresivo refinamiento intenta hallar la palabra exacta ("la perfección, en arte, es la espontanei-

[5] Conviene señalar que el modernismo, en su adaptación española, abandona los elementos más "chillones": la exagerada gama cromática y musical, la temática irreal, el vocabulario exótico y la complicada métrica de ritmos nuevos.

dad, la sencillez del espíritu cultivado"). El fondo en uno y la forma en otro, logrados en un esfuerzo hacia la sencillez y la depuración expresiva, servirán de modelo a los poetas posteriores, según la tendencia correspondiente del momento.

La evolución poética de Juan Ramón Jiménez, que tiende hacia una poesía depurada, libre de todos los elementos decorativos, anecdóticos y sentimentales, es el puente que enlaza el modernismo con el período de la mayor creatividad del siglo, encarnada en el grupo de poetas llamado la generación de 1927. Coinciden en su formación otras tendencias renovadoras: el debate sobre la poesía pura y, sobre todo, el ultraísmo, un movimiento efímero pero importante por su énfasis en el cultivo de la imagen. Todas estas influencias imprimen un fuerte sello esteticista en la poesía de los años 20. Aparte del anhelo común de perfección técnica, los poetas de la generación de 1927 tienen pocas coincidencias en su estilo o en temática. Mientras algunos se inclinan hacia una poesía intelectual (Salinas, Guillén), otros persiguen una tendencia popularista (Alberti, García Lorca), o participan más directamente en los movimientos contemporáneos (Diego, Aleixandre, Cernuda). Lo que cimenta su conciencia generacional son el lazo de una estrecha amistad, trabada en el ambiente de convivencia común en Madrid, su colaboración en las revistas principales (*Revista de Occidente, Índice, La Pluma, España* y, más tarde, *La Gaceta Literaria* y *Cruz y Raya*) y su participación en los centros culturales (Residencia de Estudiantes, el Ateneo) o lugares de reunión (el Café del Prado, la Granja El Henar, la taberna de Eladio y la casa de Vicente Aleixandre).

La preocupación esteticista y la amistad personal culminan en el único acto oficial del grupo, que es la celebración del tricentenario de la muerte de Góngora, en 1927. A partir de entonces, el rumbo que toma la vida nacional en los últimos años de la dictadura y tras la proclamación de la República obliga a varios miembros del grupo a adoptar diversas posturas ideológicas y a contraer mayor compromiso con la problemática política y social del país, lo que contribuye a cierto relajamiento de los vínculos personales. Coincide este fenómeno con el auge del surrealismo fuera y dentro de España, que señala el abandono del hermetismo poético a favor de un lenguaje apasionado, estrechamente ligado a la problemática humana. El estallido de la Guerra Civil en 1936 produce la casi total desintegración del grupo tras la muerte de Federico García Lorca y el exilio de la mayoría de los poetas (Salinas, Guillén, Alberti y Cernuda).

Los sucesos nacionales de esos años tienen el impacto aún mayor en la promoción siguiente de poetas, la "generación escindida", según Ricardo Gullón, o la que llamamos la generación de 1936 (Luis Rosales, Germán Bleiberg, Miguel Hernández, Luis Felipe Vivanco). Son poetas, nacidos hacia 1910, que se forman durante el período de la República. Admiran a los poetas de la generación anterior, pero no los imitan. Se produce un cambio notable en la expresión poética. El modelo remoto ya no es la riqueza de la imagen de los poetas del barroco, sino la serenidad de los maestros renacentistas: Garcilaso de la Vega y Fernando de Herrera. Del pasado inmediato, Antonio Machado y Miguel de Unamuno sustituyen la influencia juanramoniana.[6] Se busca una expresión más profundamente humana en la que destacan temas amorosos y religiosos; se abandona el cultivo del verso libre a favor de las formas clásicas, sobre todo el soneto.

La agitación política de esta época y la misma Guerra Civil parecen tener poca influencia sobre el grupo. Sus miembros logran mantener relaciones de amistad y cooperación (hay tertulias y reuniones), aunque políticamente profesen ideologías diferentes y hasta contrarias. Los une el deseo común de crear una poesía serena, por encima de la realidad adversa. No se trata tampoco de una actitud evasiva, sino más bien de un intento de imponer paz y armonía espirituales en medio del caos político.

La situación, sin embargo, cambia de una manera brus-

[6] Uno de los sucesos más celebrados por este grupo fue el regreso de Unamuno del destierro en Francia, en 1930.

ca hacia el final de la Guerra Civil, cuando España se fracciona en dos bandos irreconciliables: el de los vencedores y el de los vencidos. Se produce la desbandada: la muerte de unos, el exilio de otros y el acomodo a la nueva realidad de los que se quedan. Es el período en que reina una desorientación total. Desaparecen o quedan silenciados los maestros, se cierran centros culturales y lugares de reunión y se detiene la actividad editorial. El país se aísla del exterior y vive una época de incertidumbre y postración espiritual en que la única salida posible es la de una vida cultural patrocinada por el nuevo régimen y una literatura "oficial", aprobada por la censura. Esta única salida es la que lleva a la formación de un reducido grupo de poetas en torno a la revista *Garcilaso* (1943-1946). La poesía de este grupo, el *garcilasismo* o *neo-clasicismo* de los primeros años de la posguerra, busca su entronque en la obra de la generación de 1936, pero las circunstancias de la vida nacional hacen que lo que era una expresión espontánea y libre de un movimiento renovador se convierta en un mero ejercicio imitador de contenido artificial y anacrónico y un formalismo vacío. En estas condiciones puede entenderse el fracaso del *garcilasismo.*

Tarde o temprano, los poetas tienen que enfrentarse con la realidad, por muy adversa que sea, y cimentar sobre ella el nuevo proceso de reconstrucción. Esta labor no la inician los poetas del grupo garcilasista; corresponde a los maestros consagrados, firmes y seguros en su quehacer poético y libres para expresar la verdad de su tiempo. Este imperativo urgente se realiza en el año 1944 con la publicación de dos obras: *Sombra del paraíso,* de Vicente Aleixandre, y, sobre todo, *Hijos de la ira,* de Dámaso Alonso.

DÁMASO ALONSO: SU VIDA

Dámaso Alonso nace en Madrid el 22 de octubre de 1898. Su padre, Dámaso Alonso y Alonso, era un ingeniero de minas oriundo de Ribadeo, a la orilla del río Eo (lado gallego); su madre, Petra Fernández de las Redondas y Díaz, aunque nacida en Madrid, era del mismo lugar (pero del lado asturiano). El matrimonio tuvo tres hijos, dos de ellos muertos en la infancia. Apenas cumplidos dos años, Dámaso queda huérfano de padre y se traslada con su madre a Madrid permanentemente (aunque pasarán muchos veranos en Ribadeo). En Madrid recibe una educación esmerada en el colegio jesuita de Nuestra Señora del Recuerdo. Al terminar el bachillerato, en 1914, y dada su gran afición a las matemáticas, se prepara para iniciar estudios de ingeniería, cuando un ataque de gripe le produce una grave enfermedad de la vista, justo al momento de ingresar en la Escuela de Caminos (1916). Este hecho le obliga a abandonar estudios científicos y a empezar una carrera menos exigente. Entra en la Facultad de Derecho (terminará los estudios en 1919, pero sin sacar el grado de licenciado), pero sin gran entusiasmo. Lee mucho, sobre todo poesía. Le impresionan Rubén Darío, Juan Ramón Jiménez y Ramón del Valle-Inclán. Estas lecturas le encaminan hacia su vocación definitiva: la literatura en su doble vertiente, creativa (escribe poesía desde 1914) y crítica:

> "Veinte años tienes" —hoy me dije—
> "veinte años tienes, Dámaso".
> Y los novios pasaban por la calle,
> cogidos, cogiditos de la mano.
>
> Y me puse a leer un libro viejo
> y a escribir unos versos, donde canto
> el amor y la dicha de ser joven
> cuando hace sol, florido el campo. [7]

Por las mismas fechas sufre una profunda crisis espiritual, religiosa y moral, recordada años más tarde:

[7] "Prólogo inédito a los 'Poemas puros' ", *Oscura noticia.*

Ni sé quién es aquel cruel, aquel monstruoso muchacho,
tendido de través en el umbral de las tabernas,
frenético en las madrugadas por las callejas de las prosti-
melancólico como una hiena triste, [tutas,
pedante argumentista contra ti, mi gran Dios verdadero. [8]

Todos estos factores le hacen cambiar de carrera: estudia en la Facultad de Filosofía y Letras, licenciándose en 1921, el mismo año en que publica su primer libro de poesía: *Poemas puros. Poemillas de la ciudad*. En este momento empieza su labor pedagógica dentro y fuera de España. Por recomendación de Américo Castro, consigue el puesto de lector en la Universidad de Berlín (1921-1923), primera de muchas universidades extranjeras que visitará a lo largo de su vida. [9] Su actividad docente, acompañada de una creciente productividad investigadora, le van afirmando la fama como un destacado crítico literario y figura central de la generación de 1927 (a pesar de su escasa producción poética). Es en esta época (1922-1926) cuando establece una estrecha amistad con los poetas principales del grupo: Gerardo Diego, Rafael Alberti, Pedro Salinas, Jorge Guillén y Federico García Lorca (a Vicente Aleixandre le conoce desde 1917).

En 1928 se doctora por la Universidad de Madrid con una obra clave en los estudios gongorinos, comenzados ya años antes, sobre todo con motivo del tricentenario de la muerte de Góngora, en 1927, el único acto oficial de la

[8] "En el día de los difuntos", *Hijos de la ira.*

[9] He aquí una breve e incompleta lista de sus viajes de profesor: *Alemania:* Universidad de Berlín (1921-23), Universidad de Leipzig (1935-36). *Inglaterra:* Universidad de Cambridge (1923-25 y 1928-29), Universidad de Oxford (1931-33). *Estados Unidos de América:* Universidad de Stanford (1929), Universidad de Columbia y Hunter College (1929-30), Universidad de Yale (1948 y 1951), Universidad de Johns Hopkins (1953), Universidad de Harvard (1954), Universidad de Massachussets (1969). *Hispanoamérica:* gira de cursos y conferencias en las universidades de la Argentina, Chile, Perú, Colombia y México (1948); Costa Rica (1965).

generación.[10] Al año siguiente, y antes de su primer viaje a América, se casa con Eulalia Galvarriato, escritora, colaboradora y compañera indispensable del poeta hasta nuestros días.

En 1933, al regresar de la Universidad de Oxford, consigue por oposición la cátedra de Lengua y Literatura Españolas en la Universidad de Valencia (con el tribunal presidido por Miguel de Unamuno), donde permanecerá a lo largo de la Guerra Civil. En 1939, jubilado ya Ramón Menéndez Pidal, pasa a ocupar su cátedra definitiva (de Filología Románica) en la Universidad de Madrid y su residencia permanente en la casa del barrio de Chamartín que él mismo había diseñado.

Trabajador incansable, la lista de sus publicaciones crece vertiginosamente con ensayos de filología y literatura, destacándose entre ellos una obra maestra: *La poesía de San Juan de la Cruz* (Consejo Superior de Investigaciones Científicas, Madrid, 1942). En 1944 sorprende los círculos literarios españoles con la publicación de dos libros de poesía: *Oscura noticia* e *Hijos de la ira.* Anticipándose poéticamente en la contemplación de su vida, amenazada por "los primeros manotazos del súbito orangután pardo de mi vejez",[11] el poeta se retrata como:

> ... ese tristísimo pedagogo, más o menos ilustre,
> ese ridículo y enlevitado señor,
> subido sobre una tarima en la mañana de primavera,
> con los dedos manchados de la más bella tiza,
> ese monstruo, ese jayán pardo,
> vesánico estrujador de cerebros juveniles...[12]

Pero no es lo que ven los demás. La fama de Dámaso Alonso en España y fuera de las fronteras nacionales le vale un aluvión de reconocimientos, honores y títulos. En

[10] Su tesis doctoral, sobre la sintaxis gongorina, se publicará en 1935 con el título de *La lengua poética de Góngora* (*Revista de Filología Española,* Madrid).

[11] "Dedicatoria final (Las alas)", *Hijos de la ira.*

[12] "En el día de los difuntos", *Hijos de la ira.*

1945 es elegido académico de la Real Española (ingresará oficialmente en 1948) y miembro de número de la *Hispanic Society of America.* [13] Las universidades extranjeras se disputan el honor de su presencia, concediéndole títulos de *doctor honoris causa.* [14] Mientras tanto, su labor de crítico literario y poeta se corona con múltiples publicaciones, sobresaliendo entre ellas obras de importancia capital: *Poesía española. Ensayo de métodos y límites estilísticos* (1950), *Poetas españoles contemporáneos* (1952) y el magnífico libro de poesía *Hombre y Dios* (1955).

Y aún le quedan los máximos reconocimientos. Tras jubilarse como catedrático de la Universidad de Madrid, jubilación forzosa al llegar a la edad de setenta años, el destino le prepara la más ardua tarea y el puesto máximo de centinela de la lengua española. En noviembre de 1968 muere Ramón Menéndez Pidal, director de la Real Academia Española; el 5 de diciembre del mismo año, la docta casa elige a Dámaso Alonso (por unanimidad) su sucesor. La responsabilidad es enorme. Las circunstancias del mundo moderno, con la gran explosión en todos los campos del quehacer humano (científico, técnico, sociológico, etc.), dejan el idioma español poco preparado para resistir la avalancha de las influencias extranjeras, lexicográficas y gramaticales. Dámaso Alonso, acabando con el tradicional estancamiento de la institución, pone en marcha un enérgico proceso de aceleración de trabajos en defensa del

[13] No es más que el principio; otros títulos, nacionales y extranjeros, siguen: le nombran miembro correspondiente de la *Bayerische Akademie der Wissenschaften* de Munich (1952), académico de la Real de la Historia (1954), miembro de la *American Philosophical Society* (1961), socio extranjero de *Arcadia. Accademia Letteraria Italiana* (1961), de la *Accademia dei Lincei* de Roma (1962), de la *Accademia della Crusca* de Florencia (1969) y miembro correspondiente de la *British Academy* (1966).

[14] En orden cronológico: Universidad de San Marcos de Lima (1948), Universidad de Burdeos (1950), Universidad de Hamburgo (1952), Universidad de Friburgo (1958), Universidad de Roma (1961), Universidad de Oxford (1963), Universidad Nacional de Costa Rica (1965), Universidad de Massachussets (1969), Universidad de Leeds (1969).

idioma: se crean nuevas comisiones, encargadas de actualizar el acrecentamiento del diccionario común, se aumentan horas de trabajo y se elabora el texto inicial de una nueva gramática, todo con la participación activa del nuevo director. Toda esta labor va minando poco a poco la salud de Dámaso Alonso, lo que le hace pensar en la necesidad de dimitir de su cargo. Tras un intento de dimisión en 1975, intento infructuoso debido a la insistencia unánime de los académicos, anuncia su decisión irreversible a finales de 1982.

Mientras tanto, se crea en España el Premio Cervantes, máximo galardón de las letras hispanas. Tras las primeras dos concesiones (Jorge Guillén, 1976, y Alejo Carpentier, 1977), es Dámaso Alonso quien recibe el premio de manos del Rey en reconocimiento de su enorme labor poética, profesional, académica y ensayista.

Retirado ya a la paz y tranquilidad de su hogar, Dámaso Alonso se dedica a la última gran tarea de su vida: la edición de sus *Obras completas,* solicitada por la Editorial Gredos, en la que él mismo lleva dirigiendo la prestigiosa serie de la *Biblioteca Románica Hispánica* desde su fundación, en 1955. [15]

El breve esbozo de la biografía damasiana quedaría injustamente incompleta si no mencionáramos también la cálida personalidad del hombre Dámaso. Respaldado por sus dos amores (sus "alas"): su madre (muerta en 1960) y su esposa, Eulalia, su casa de Chamartín viene dando la bienvenida a cuantos hispanistas (profesores y estudiantes), poetas y simplemente amigos pasan por Madrid desde todos los rincones de la tierra. Reunidos allí con el querido maestro, todos los honores obtenidos se relegan a un cajón marcado con el rótulo de "Pompas pre-fúnebres", y surge la humanísima presencia de Dámaso, que irradia bondad y simpatía. Y es este hombre, Dá-

[15] La edición de *Obras Completas* se inicia en 1972, habiéndose publicado hasta la fecha siete volúmenes de un proyectado total de 13 volúmenes.

maso, el que se revela inimitablemente a través de su poesía.

DÁMASO ALONSO: SU OBRA POÉTICA

> Yo no he tenido un hijo,
> no he plantado de viña la ladera de casa,
> no he conducido a los hombres
> a la gloria inmortal o a la muerte sin gloria,
> no he hecho más que estas cancioncillas:
> pobres y pocas son. [16]

El poema del que citamos este fragmento (y los siguientes) contiene un detallado repaso y una aguda reflexión sobre la obra poética de Dámaso Alonso hasta la fecha de su publicación. No cabe duda, y el mismo poeta lo confirma repetidamente, de que la poesía constituye su vocación más profundamente humana. Mientras su inmensa labor científica le hace ahondar en el estudio de épocas históricas y su expresión literaria (desde "el primer vagido de la lengua española" de las Glosas Emilianenses hasta nuestros días), la poesía es su único modo de autodefinirse frente a la realidad existencial y frente al misterio absoluto. En este sentido, conviene aclarar desde el principio que toda la poesía damasiana es personalísima. El hecho de pertenecer a la generación de 1927 no es más que un caso de coetaneidad. Dámaso Alonso, como poeta, ni sigue las corrientes imperantes de ese tiempo ni sufre las influencias que determinan el desarrollo del lenguaje poético generacional. [17] Su creación no es un quehacer continuo; escribe cuando siente la necesidad de expresarse, de decir algo al hombre, y es lo que explica largos intervalos de silencio que separan la publicación de sus versos.

[16] "Dedicatoria final (Las alas)", *Hijos de la ira.*

[17] "Yo, por mi parte, jamás me he propuesto 'faire de la beauté avec les mots'", escribe comentando una afirmación teórica de Charles Bally (*Poesía española. Ensayo de métodos y límites estilísticos,* 5.ª ed., p. 585).

En 1921 da a la imprenta su primera colección de poesías, escritas desde 1918: *Poemas puros. Poemillas de la ciudad:*

> Primero aquellas puras (¡es decir, claras, tersas!)
> y aquellas otras de la ciudad donde vivía.
> Al vaciarme de mi candor de niño,
> yo vertí mi ternura
> en el librito aquel, igual
> que en una copa de cristal diáfano.
>
> (vv. 67-72)

Se trata de un libro juvenil, por donde el poeta se asoma al mundo, indagando (a veces ingenuamente) sus misterios. Se han señalado varias influencias: juanramoniana, machadiana, vanguardista, etc.; no constituyen, sin embargo, ningún intento consciente de adhesión a tal o cual estilo poético, sino más bien reminiscencias de sus extensas lecturas. Lo cierto es que, aun siendo un libro primerizo, ya encontramos en él un anticipo del poeta maduro (temas, léxico, humor, etc.), a pesar de los muchos años que lo separan del resto de su producción poética.

> Luego dormí en lo oscuro durante muchas horas,
> y sólo unos instantes
> me desperté
> para cantar el viento, para cantar el verso,
> los dos seres más puros
> del mundo de materia y del mundo de espíritu.
>
> (vv. 73-78)

Alude aquí el poeta a una de las breves colecciones de poemas (*Estampas de primavera, El viento y el verso* y *Tormenta,* escritas entre 1919 y 1926) que, aunque aparecidas en revistas, no se publicarán hasta 1944, dentro del libro *Oscura noticia.* El hecho es que Dámaso Alonso abandona la poesía durante un largo período (casi veinte años). Se debe ello precisamente a este carácter personalísimo y humano de su vocación poética. La poesía española de esos años (la de sus amigos generacionales) sigue una tendencia marcadamente esteticista y, usando el término orteguiano, deshumanizada, que le resulta incómoda. [18]

> Y al cabo de los años llegó por fin la tarde,
> sin que supiera cómo,
> en que cual una llama
> de un rojo oscuro y ocre,
> me vino la noticia,
> la lóbrega noticia
> de tu belleza y de tu amor.
>
> (vv. 79-85)

Oscura noticia, como se ha señalado ya, incluye poesía escrita durante los años de silencio creador. La primera parte, la que propiamente lleva el nombre del libro, data de los años 1940-1943 (con algunas excepciones) y representa ya la obra de un poeta maduro. A pesar de ser breve (apenas 16 poemas), nos sorprende por su profundidad expresiva y la temática, que muchas veces coincide con la de *Hijos de la ira* (libro escrito simultáneamente), pero que difiere de él por su tono aparentemente contenido y equilibrado. [19] Aparentemente, porque dentro de una forma a primera vista clásica y tradicional (la mitad de los poemas son sonetos de hechura perfecta) bulle un espíritu acuciante en busca de una solución (o revelación) de los problemas eternos del hombre. A través de la 'oscura noticia', la de Dios, a veces invocado y otras negado,

[18] "Si he acompañado a esta generación como crítico, apenas como poeta... Las doctrinas estéticas de hacia 1927, que para otros fueron tan estimables, a mí me resultaron heladoras de todo impulso creativo. Para expresarme en libertad necesité la terrible sacudida de la guerra española" ("Una generación poética", *Poetas españoles contemporáneos,* 3.ª ed., p. 157).

[19] "El título procede de San Juan de la Cruz, quien repetidas veces habla de la 'oscura noticia de Dios'. Esta noticia es, además de 'oscura', 'amorosa', y no 'intelectual'" (*Poemas escogidos,* p. 199). Recuérdese que en las mismas fechas Dámaso Alonso trabaja en su libro *La poesía de San Juan de la Cruz* (publicado en 1942).

el poeta intenta acercarse a los grandes misterios de la existencia humana que, no obstante, eluden cualquier posibilidad de aclaración. Es poesía religiosa, pero en un sentido agónico, unamuniano; intuitiva más que conceptual. Su móvil es el amor: amor a Dios, a la vida, a la mujer, pero siempre con un trasfondo escalofriante de la fugacidad del tiempo que lo conduce todo a la destrucción y a la muerte. De aquí a *Hijos de la ira* hay sólo un paso: lo que era una indagación contenida, dentro de unos moldes formal y conceptualmente controlados, estalla con violencia y se derrama en una expresión desesperada y personal ("Diario íntimo" es el subtítulo del libro):

> Y ahora, Señor, oh dulce Padre,
> cuando yo estaba más caído y más triste,
> entre amarillo y verde, como un limón no bien maduro,
> cuando estaba más lleno de náuseas y de ira,
> me has visitado,
> y con tu uña,
> como impasible médico
> me has partido la bolsa de la bilis,
> y he llorado, en furor, mi podredumbre
> y la estéril injusticia del mundo,
> y he manado en la noche largamente
> como un chortal viscoso de miseria.
> Ah, hijo de la ira
> era mi canto.
>
> (vv. 100-113)

Hijos de la ira, publicado en el mismo año de 1944, es la obra maestra de Dámaso Alonso y uno de los libros capitales en la poesía española. Lo estudiaremos más detalladamente en el capítulo siguiente.

> Pero ya estoy mejor.
> Tenía que cantar para sanarme.
>
> (vv. 114-115)

Estos últimos versos resultan proféticos. Tras otro período largo de silencio, y borradas las huellas de la tremenda sacudida que provocó el estallido de *Hijos de la ira,* Dámaso Alonso publica, en 1955, un nuevo libro de poesía: *Hombre y Dios.* Reconciliado (¿resignado?) con el destino humano en la tierra, el poeta analiza serenamente la existencia del hombre, su papel en el mundo y su relación con Dios. Se trata de una poesía, escrita con la más ajustada precisión intelectual, que sienta la base de un nuevo pensamiento humanista. Igual que el humanismo renacentista que surge como antítesis de la postura ideológica del hombre medieval, hostigado por guerras y plagas y convencido de su insignificancia ante un Dios iracundo, el humanismo damasiano surge tras el caos de las guerras y el sentimiento de desarraigo y abandono en que se encontraba el hombre contemporáneo. El nuevo hombre de este libro poético reclama su puesto central en el orden del universo:

> Creación tiene un polo: hombre se llama.
> Allí donde hay un hombre se anuda el Universo.
>
> ("Segundo Comentario, 1")

Más aún, sin negar la función original del Dios-Creador, el poeta llega a concretizar su existencia a través del hombre. La mente humana, aun siendo creada, es el "único continente capaz de lo increado" ("Segundo Comentario, 3"). De esta manera se produce una fusión de lo divino y lo humano y una situación de dependencia mutua: "Si me deshago, tú desapareces" ("Hombre y Dios").

Escrito casi al mismo tiempo que *Hombre y Dios* y aparecido parcialmente en varias revistas a partir de 1955, es el libro *Gozos de la vista,* publicado en 1981. Son poemas en torno a la vista humana que expresan el júbilo del hombre frente al descubrimiento diario de la maravilla de un mundo lleno de luz y de color.

Otro largo silencio, de treinta años, parece indicar la conclusión del ciclo creador de Dámaso Alonso. Pero he aquí que en estos últimos meses el poeta nos sorprende con un nuevo libro de poesía, un extenso poema de tres partes titulado *Duda y amor sobre el Ser Supremo.*[20] Se trata de una meditación íntima sobre la posibilidad de su propia muerte (provocada sin duda por la desaparición de sus dos amigos entrañables Jorge Guillén y Vicente Aleixandre) y la insistente duda (y esperanza al mismo tiempo) sobre la eternidad del alma:

> Mi vida está cansada. Inmensos años
> (ochenta y seis) producen tal angustia
> que no hay más esperanza que la muerte.
> ... Ay, me surge una duda: ¿el alma? ¿el alma?
>
> Sólo hay duda una vez: ¡oh, mi alma, dime!:
> ¿terminas? ¿mueres tú? ¿vivirás siempre?

En resumen, curiosa y variada la trayectoria poética de Dámaso Alonso, caracterizada por momentos de intensísima producción y largos intervalos de silencio. Poesía personalísima que obedece a la urgencia de expresarse cuando el poeta tiene algo que decir: grito de indignación y protesta a veces; canto de fe y afirmación de la vida, otras veces; profunda meditación sobre el misterio insondable en el ocaso de una vida. Su consigna poética, cumplida brillantemente, es la que él mismo fija en el ensayo "Una generación poética", citado antes:

> Hoy es sólo el corazón del hombre lo que me interesa: expresar o con mi dolor o con mi esperanza el anhelo o la angustia del eterno corazón del hombre. Llegar a él según las sazones, por caminos de belleza o zarpazos.

"HIJOS DE LA IRA"

"¿Qué te hemos hecho?", interpelaba a Dámaso con humor José García Nieto, fundador de la revista *Garcila-*

[20] En impresión, a la hora de terminar este ensayo, por Ediciones Cátedra. Va precedido por una nueva antología de su obra poética, *Antología del monstruoso mundo.*

so, al aparecer el libro *Hijos de la ira,* en la primavera de 1944. Y decía: "Has sacudido, has turbado a quinientos amigos, que desde hoy tendremos tu libro como ese cráneo mondo que sobre la mesa de trabajo nos recuerda que un día tendremos que morir." [21] Y su contemporáneo José Luis Cano escribía en las mismas fechas sobre "estos terribles y frenéticos *Hijos de la ira,* terribles y bellos como huracanes devastadores en la soledad y en la angustia del hombre moderno." [22]

No son más que dos reacciones, entre múltiples, que reflejan el impacto inmediato causado por la publicación del libro damasiano. Después seguirían muchas otras, fruto ya de un análisis detallado, coincidentes todas en señalar a *Hijos de la ira* como la obra clave en la historia de la poesía española del siglo.

Indudablemente, se trata de un libro que abre una nueva página en la creación poética española. Tras varias décadas de una poesía esteticista y pura, desde el imperio juanramoniano, la obra de los compañeros generacionales de Dámaso Alonso y (tras un breve paréntesis del surrealismo hispánico) hasta la tendencia clasicista del *garcilasismo* de la posguerra, la poesía española siente la necesidad de una renovación total. Por un lado, el formalismo técnico cansa; por otro, la temática aburre al quedar encerrada en un mundo artificial y alejado de la realidad humana, terriblemente distinta. *Hijos de la ira* cumple este imperativo renovador. El mismo poeta describe su génesis y su significado:

> He dicho varias veces que *Hijos de la ira* es un libro de protesta escrito cuando en España nadie protestaba. Es un libro de protesta y de indagación. Protesta, ¿contra qué? Contra todo. Es inútil quererlo considerar como una protesta especial contra determinados hechos contemporáneos.

[21] Reacción recordada por Emilio Alarcos Llorach en su artículo "Hijos de la ira en 1944", *Insula,* 138-139, mayo-junio 1958, p. 7.

[22] "Ira y poesía de Dámaso Alonso", en *La poesía de la generación del 27,* Ed. Guadarrama (Madrid), 1970, p. 107.

> Es mucho más amplia: es una protesta universal, cósmica, que incluye, claro está, todas esas otras iras parciales. Pero toda la ira del poeta se sume de vez en cuando en un remanso de ternura.
>
> Habíamos pasado por dos hechos de colectiva vesania, que habían quemado muchos años de nuestra vida, uno español y otro universal, y por las consecuencias de ambos. Yo escribí *Hijos de la ira* lleno de asco ante la "estéril injusticia del mundo" y la total desilusión de ser hombre...
>
> El libro era también una protesta literaria.
>
> Desde 1939 predominaba en España la poesía en metros tradicionales y bastante limitada en sus temas. Quedaba, por otra parte, el magisterio de la poesía pura, y el crecimiento del fungáceo superrealismo, que —quién lo diría— rápidamente invadió con sus barreduras de sótanos vitales gran parte de la neta y exacta arquitectura programada y trazada por la generación de 1927 con su poesía pura.
>
> El núcleo principal de poemas de *Hijos de la ira* creo que manifiesta de modo bien evidente una voluntad de apartarse de estos tres predecesores: de la poesía a lo "Garcilaso", con el cultivo del verso libre, y a veces libérrimo; de la "poesía pura", con una voluntaria admisión de todas las "impurezas" que aquella excluía: apasionamiento, a veces sentimentalidad, exclamación, imprecación, contenido argumental, toda clase de léxico, sin esquivar ni el más desgastado por el uso diario (ni tampoco el literario, cuando haga falta, qué demonio). Al mismo tiempo, el alejamiento del "surrealismo" estaba ya, sin más, señalado por la expresión, que en *Hijos de la ira* estaba basada en una racionalidad, interior y exteriormente cohesiva. Yo buscaba una expresión para mover el corazón y la inteligencia de los hombres, y no últimas sensibilidades de exquisitas minorías.[23].

La búsqueda de "una expresión para mover el corazón y la inteligencia de los hombres" constituye de inmediato un cambio importante en la finalidad de la poesía. Se restablece el concepto de *la poesía como comunicación,* abandonado después de Antonio Machado a favor de la tesis

[23] Dámaso Alonso, *Poemas escogidos,* pp. 193-195.

de una *poesía como expresión* puramente artística. El resultado de esta re-orientación trae consigo invariablemente la necesidad de establecer una especie de diálogo entre el poeta y el lector, más aún, el deseo de compartir con el lector la reacción frente a los problemas de interés común. Para lograrlo, el poeta tiene que abandonar su aislamiento olímpico (o su "torre de marfil") y sumergirse en la corriente de la vida, respondiendo a las exigencias del tiempo en que están radicados ambos. Dicho de otro modo, *la poesía como comunicación* requiere una honda humanización de todos sus componentes y un re-encuentro básico con la realidad inmediata. Es exactamente lo que se propone Dámaso Alonso en su libro *Hijos de la ira.*

El cambio de rumbo, iniciado en esta poesía, lleva consigo el peligro de una interpretación demasiado simplista y fácil: la de situarla dentro de la corriente *realista* (que, por cierto, aparecerá en la literatura española de las décadas siguientes).[24] Y sin embargo, la lectura de *Hijos de la ira* demuestra todo lo contrario. Se trata, como veremos, de una poesía del más alto contenido espiritual al servicio de una apasionada indagación de la esencia del ser y del misterio de su existencia manifestada. Si atendemos a la definición del *realismo* literario (según el *Diccionario de la lengua española* de la Real Academia) como un "sistema estético que asigna como fin a las obras artísticas o literarias *la imitación fiel de la naturaleza*" (subrayado nuestro),[25] resulta evidente el error de tal clasificación.

[24] De hecho, más de un crítico cae en esta trampa. José María Castellet, por ejemplo, en su libro *Un cuarto de siglo de poesía española* (Ed. Seix Barral, Barcelona, 1969) encuentra en *Hijos de la ira* el inicio del cambio:

"Un simple verso:

Madrid es una ciudad de más de un millón de cadáveres

había bastado para que, de pronto, quedara roto el hechizo y empezara una lenta evolución que iba, al correr de los años, a volver a construir el edificio de la poesía realista..." (p. 76).

[25] Añádase a ello otro factor importante: "El escritor 'realista'... quiere suprimir su yo de todo aquello que describe" (*Diccionario de literatura española,* Revista de Occidente, Madrid, 1964, p. 671).

Hijos de la ira nada tiene que ver con el realismo literario. Lo que sí encontramos es un contacto directo con la realidad como punto de partida (o fuente de inspiración), un vocabulario que no reconoce tabúes estéticos, y una versificación que se ajusta a las exigencias del discurso comunicativo. Son precisamente estos tres aspectos los que, junto con el tratamiento inusitado de los temas, constituyen el valor poético del libro y una aportación originalísima al desarrollo de la poesía española. Las páginas que siguen se ocuparán de estos factores constitutivos de *Hijos de la ira.*

El lenguaje poético

1. La realidad

En ningún poeta español de este siglo queda tan patente la presencia de la realidad como en *Hijos de la ira* de Dámaso Alonso. La realidad, circunstancial y concreta, es el punto de arranque que de las más diversas maneras condiciona la creación del poema. En páginas anteriores señalábamos ya que Dámaso Alonso escribe cuando tiene algo que decir; pues bien, ese 'algo' deriva de un impulso inicial resultante de una vivencia personal o un hecho exterior, observado por el poeta, que le descubre la potencialidad de un desarrollo poemático. El mismo despertar de su creatividad, tras un largo período de silencio, se debe a un impulso concreto: "la terrible sacudida de la guerra española" (véase nota 18). De la misma manera, la realidad, ya específica, de un suceso o de una noticia, dispara al blanco de la intuición creadora y se transforma allí en un tema que nada tiene que ver ya con el suceso mismo. Este proceso, presente en casi todos los poemas del libro, es de importancia esencial: el poema nunca relata el suceso (lo que constituiría un tratamiento realista), ni siquiera lo comenta o interpreta, sino que lo abandona completamente, dejando apenas una ligera huella en los versos iniciales. El poema, pues, es una criatura nueva, un ser alado que se eleva a las alturas intocadas por la realidad circunstancial, y estos versos iniciales quedan sólo como el testigo o el cordón umbilical que deja entrever al lector la génesis del poema.

El primer poema del libro, titulado "Insomnio", demuestra ya esta técnica del poeta. Empieza con el verso:

> Madrid es una ciudad de más de un millón de cadáveres
> (según las últimas estadísticas).

Según el propio poeta, la inspiración vino de una noticia en el periódico (hacia 1940) que señalaba el crecimiento demográfico de la capital. Una noticia real y concreta que impulsa el mecanismo creativo encontrando en ella una potencialidad poemática y que, con la sustitución de una palabra: *cadáveres* por habitantes, le abre el camino hacia un intento de interpretación de la finalidad de la existencia humana. La población madrileña desaparece para dar lugar a una intensa visión de la angustia existencial, ya universal; pero queda este primer verso, el punto de arranque, radicado en la realidad inmediata.

Ejemplos como éste abundan a lo largo del libro. La rama de un árbol que, movida por la brisa, toca la cara del poeta ("Voz del árbol") o la contemplación de su perro ("A Pizca") inician una honda indagación del ser, vegetal o animal. Lo mismo ocurre cuando el poeta mata un moscardón ("Elegía a un moscardón azul"), confesándolo en prosa ("Sí, yo te asesiné estúpidamente") e iniciando el poema con los versos: "Luego sentí congoja / y me acerqué hasta ti: eras muy bello". El poema "La isla", una alegoría que raya en lo místico, surge con el recuerdo real de un viaje marítimo ("¡Aquella extraña travesía / de Nueva York hasta Cherburgo!"). El poema "Dolor" arranca también de una experiencia real y personal:

> Hacia la madrugada
> me despertó de un sueño dulce
> un súbito dolor,
> un estilete
> en el tercer espacio intercostal derecho.

Por último, mencionemos el poema "Mujer con alcuza", una auténtica obra maestra,[26] que en varios planos (real, simbólico y alegórico) despliega una extraordinaria capacidad intuitiva y visionaria del poeta al ahondar en el misterio de la existencia humana. Sus primeros versos describen una situación real, de ocurrencia cotidiana: la contemplación del paso cansado de una vieja criada suya:

> ¿Adónde va esa mujer,
> arrastrándose por la acera,
> ahora que ya es casi de noche,
> con la alcuza en la mano?

En resumen, hemos querido señalar aquí una característica constante de la poesía damasiana que, lejos de rehuir la realidad concreta, la aprovecha como el punto de partida, sin caer, no obstante, en la tentación realista de considerarla como trama del desarrollo de los poemas. En este sentido, la voz poética de *Hijos de la ira* se separa del hermetismo predicado (aunque no siempre practicado) de las décadas anteriores y busca su entronque con la realidad, una postura que la alía con la más genuina tradición literaria española.

2. El léxico

La innovación más visible (y la que más se presta a conclusiones simplistas) es la que se realiza en el vocabulario de *Hijos de la ira.* Se trata, además, de una innovación radical, prácticamente inaudita en la poesía española. Si el entronque con la realidad tendía el puente hacia la tradición establecida, aunque abandonada durante el período inmediatamente anterior, el cambio en el tratamiento del

[26] "Un poema como 'Mujer con alcuza' basta para cimentar la grandeza de un poeta", es como lo define Luis Felipe Vivanco ("La poesía existencial de Dámaso Alonso", en *Introducción a la poesía española contemporánea,* vol. 2, Ed. Guadarrama, Madrid, 1971, p. 105).

vocabulario abre caminos totalmente nuevos. La poesía, ya desde sus orígenes, como una de *las bellas artes,* viene vinculada al concepto de la estética, o sea, una especie de la filosofía de lo bello. En España, desde la definición de la poesía como "un fingimiento de cosas útiles, cubiertas o veladas con muy fermosa cobertura" (Marqués de Santillana), a través del renacimiento que busca una idealización de la realidad con énfasis en la belleza, y las leyes rígidas del *buen gusto,* imperantes en el neoclasicismo, el lenguaje entendido como poético rechaza cualquier uso de palabras de tipo vulgar o callejero. Las excepciones (y las hay muy notables: Góngora y Quevedo, por ejemplo) se toleran únicamente dentro de un marco, claramente delimitado, de la poesía satírica o burlesca. Con el romanticismo (y el realismo) se abre una brecha que permite la entrada de vocablos de tipo cotidiano y coloquial, paso importante, enriquecido más tarde por la avalancha de términos técnicos del futurismo y otras escuelas de la vanguardia. Aun así, queda un vasto repertorio léxico que se considera inadmisible en la poesía por atentar contra el buen tono y la pulcritud de la lengua.[27]

Dámaso Alonso es el primer poeta español que de un modo consciente rompe las barreras entre el vocabulario *poético* y el *no-poético,* entre lo aceptable y lo inadmisible, dando tarjeta de respetabilidad literaria a toda la dimensión del léxico castellano:

> Toda la realidad es capaz de verterse en poesía. La poesía no tiene como fin la belleza, aunque muchas veces la busque y la asedie, sino la emoción. Temas poéticos pueden ser lo feo, lo canalla, lo chato o lo vulgar. No hay un léxico especial poético: todas las voces pueden ser poéticas o no serlo, según se manejen y con qué oportunidad...
>
> Claro es que no faltan aún "estetas particulares" que se rasgan la levita —o lo que sea— ante quien use en poesía

[27] Cabría señalar otra excepción, efímera, de los extremos del lenguaje surrealista (poco frecuente en España), pero su intención mayormente tenía un propósito circunstancial: el de escandalizar al pacífico burgués.

> palabras menos selectas o conceptos menos bellos y no usuales en la mejor educación. Hay gustos para todo. El mío sería la definitiva desaparición de los tabús poéticos.[28]

La lección teórica del fragmento citado requiere una atención especial a la frase "según se manejen y con qué oportunidad". La inclusión de un vocabulario *vulgar,* utilizado como fin en sí mismo (para escandalizar, por ejemplo) no produce más que una poesía *vulgar,* indigna de su nombre. El poeta, al adentrarse en este campo peligroso, tiene que mantener una vigilancia difícil que no permita que el léxico inusitado se convierta en un valor independiente, sino que contribuya a la totalidad expresiva del poema. *Hijos de la ira,* como se ha visto ya, se inspira en la realidad angustiosa de un mundo desarraigado, dominado por las fuerzas del odio y de la injusticia. La reacción anímica del poeta, lo mismo cuando condena estas fuerzas monstruosas que cuando indaga en la esencia del ser (monstruoso también), le obliga a aprovecharse de un vocabulario de máxima efectividad expresiva, de una fuerza hiriente, capaz de expresar la magnitud de su asco y de su "total desilusión de ser hombre". Y surgen así los versos cargados de vulgaridades y de imágenes repugnantes, como al describir la horrorosa fecundación procreadora del odio:

> ¡Cómo atraviesa el alma vuestra gélida
> deyección nauseabunda!
> ¡Cómo se filtra el acre,
> el fétido sudor de vuestra negra
> corteza sin luceros,
> mientras salta en el aire, en amarilla
> lumbrarada de pus, vuestro maldito
> semen...![29]

La adaptación del vocabulario, sin trabas ni limitaciones, a las necesidades expresivas del poema es una cons-

[28] En "Ligereza y gravedad en la poesía de Manuel Machado", *Poetas españoles contemporáneos* (3.ª ed.), pp. 78 y 81.
[29] "Raíces del odio".

tante en *Hijos de la ira.*[30] Dado el carácter violento y amargo de los temas tratados, el uso del léxico vulgar es extenso. Baste, por ejemplo, citar el interminable desfile aterrador de una repugnante fauna: perros enfurecidos, duros chivos erectos, tiburones, chacales, hienas, jayanes, tozudos moscardones, invisibles medusas, negruzcos topos, alacranes, necrófagos, fétidas hidras, ciempiés monstruosos, peludos abejarrones, etc. Su realidad es una realidad simbólica, sabiamente inspirada en el intento de reflejar la angustia existencial del hombre y el panorama particular "de estos tristes años de derrumbamiento, de catastrófico apocalipsis" en que el poeta contempla "el fin de este mundo, planeta ya desierto en el que el odio y la injusticia, monstruosas raíces invasoras, habrán ahogado, habrán extinguido todo amor, es decir, toda vida."[31]

3. La versificación

El tercer aspecto, importante e innovador, lo constituye la versificación de *Hijos de la ira.* Aparte ya de la oración predominantemente directa (en segunda persona), repleta de múltiples exclamaciones (¡oh!, ¡ah!, ¡oh, Dios!, ¡sí!, ¡heme aquí!, etc.), interrogaciones e intercalaciones meditativas, todas tan típicas de un discurso realista y coloquial, la irregularidad en la extensión del verso (desde

[30] Digamos, de paso, que esta adaptación incondicional produce dramáticos efectos de contraste. En el mismo poema citado (como en casi todos los del libro), junto a la expresión convulsa y repugnante, encontramos escenas tiernas y sosegadas (¡y en perfectos endecasílabos clásicos!) del mundo anterior a la invasión del odio:

> Ahí tenéis la ternura
> de las tímidas manos ya no esquivas,
> de manos en delicia, abandonadas
> a un fluir de celestes nebulosas,
> y las bocas de hierba suplicante
> próximas a la música del río.
> ¡Ay del dulce abandono! ¡Ay de la gracia
> mortal de la dormida primavera!

[31] Véase nota 33.

el bisílabo hasta más de cincuenta sílabas) produce en el lector un efecto visual desconcertante e inesperado en lo que se acostumbra a considerar una forma poética; más aún, al contrastarla con el formalismo técnico de la poesía de los años veinte y, sobre todo, con la perfección sonetista del *garcilasismo* de la posguerra. El verso libre, en realidad, tenía poca acogida en España. Su cultivo se excusaba en la expresión estridente de los efímeros movimientos vanguardistas y en las emanaciones oníricas incontroladas del lenguaje surrealista.[32] Pero en el fondo, el lector, aunque había aceptado ya el abandono de la rima y de la estrofa, seguía aferrado a cierta regularidad silábica y a las estructuras acentual y pausal del verso, como base imprescindible del sistema rítmico de la poesía.

El verso libre, tal como se encuentra en *Hijos de la ira,* resulta mucho más desconcertante que, por ejemplo, el que emplea Vicente Aleixandre en su *Sombra del paraíso,* publicado el mismo año. El lector encuentra menos dificultad en ajustarse a la forma aleixandrina; son versículos uniformemente extendidos que producen el efecto visual de cierta regularidad silábica (aunque no la haya). Los versos de Dámaso Alonso, en cambio, aparecen caóticamente desiguales; los extremadamente largos se alternan con otros, brevísimos, sin ninguna justificación aparente. Y sin embargo, al leer los poemas de *Hijos de la ira* se percibe una fuerte trabazón rítmica que acompaña, y aun ilustra, el contenido semántico.

Lo más formidable de esta técnica versolibrista es que la naturalidad del discurso, tantas veces ausente en la poesía formalista, se logra sin sacrificar este patrón rítmico. Dámaso Alonso, como pocos poetas, sabe aprovechar la gran variedad de apoyos rítmicos, sobre todo los que se basan en la reiteración fónica, léxica o sintáctica (aliteración, anáfora, paralelismo, etc.). Pero no es todo. Como

[32] Dámaso Alonso mismo expresa su desconcierto ante el verso libre: "Forma que no se sabe aún (que yo no sé aún) si amar o aborrecer" ("La poesía arraigada de Leopoldo Panero", *Poetas españoles contemporáneos* (3.ª ed.), p. 335.

un poeta auténtico, en ningún momento deja de pensar rítmicamente y su creación se forja con eslabones rítmicamente concordantes. Un análisis de los poemas demuestra un predominio total de versos regulares, casi siempre de tipo endecasilábico (versos de 5, 7, 9, 11 y 14 sílabas). Destacan entre ellos el heptasílabo y el endecasílabo, versos cuya combinación está consagrada en la poesía española desde el renacimiento. El primero, sobre todo, podría considerarse como núcleo básico de la versificación damasiana. Solo en un renglón da vigor dinámico a la expresión; yuxtapuesto, formando series múltiples, permite la ilimitada extensión del verso. De esta manera, una larga oración descriptiva no necesita repartirse entre varios versos, mientras que una breve unidad individual puede hacer resaltar la imagen condensada del pensamiento. Conviene señalar, además, que estos núcleos yuxtapuestos coinciden meticulosamente con unidades semánticas, permitiendo en la lectura la formación de pausas, parecidas a las pausas versales de la poesía tradicional. Veamos un ejemplo, elegido del poema "La madre":

1	Madre mía, no llores: / víveme siempre en sueño.	7+7
2	Vive, víveme siempre / ausente de tus años, / del sucio mundo hostil, / de mi egoísmo de hombre, / de mis palabras duras.	7+7+7+7+7
3	Duerme ligeramente / en ese bosque prodigioso / de tu inocencia,	7+9+5
4	en ese bosque / que crearon al par / tu inocencia y mi llanto.	5+7+7
5	Oye, oye allí siempre / cómo te silba las tonadas nuevas, / tu hijo, tu hermanito, / para arrullarte el sueño.	7+11+7+7
6	No tengas miedo, madre. Mira, un día / ese tu sueño cándido / se te hará de repente / más profundo y más nítido.	11+7+7+7

7	Siempre en el bosque / de la primer mañana, / siempre en el bosque nuestro.	5+7+7
8	Pero ahora / ya serán las ardillas, / lindas, veloces llamas, / llamitas de verdad;	4+7+7+7
9	y las telas de araña, / celestes pedrerías;	7+7
10	y la huida de corzas, / la fuga secular de las estrellas / a la busca de Dios.	7+11+7
11	Y yo / te seguiré arrullando el sueño oscuro, / te seguiré cantando.	3+11+7
12	Tú oirás la oculta música, / la música que rige el universo.	7+11
13	Y allá en tu sueño, madre, / tú creerás que es tu hijo quien la envía. / Tal vez sea verdad: / que un corazón es lo que mueve el mundo.	7+11+7+11
14	Madre, no temas. / Dulcemente arrullada, /dormirás en el bosque / el más profundo sueño.	5+7+7+7
15	Espérame en tu sueño. / Espera allí a tu hijo, madre mía.	7+11

Ejemplos como éste constituyen la estructura común de casi todos los poemas. Las excepciones, y son pocas, se deben en muchos casos a que las exclamaciones o breves frases introductorias, ningunas imprescindibles para el desarrollo temático del poema, quedan fuera del cómputo silábico (se podrían incluir en este grupo el tetrasílabo y el trisílabo del fragmento citado). Tratándose sobre todo de las exclamaciones, son como breves estallidos de emoción que no forman parte del discurso poético, sino que expresan una reacción o comentario interior ante el panorama que se despliega ante los ojos del poeta.

Lo que sí existe, y aun con bastante frecuencia, es la tendencia de hacer resaltar palabras de significación especial, aislándolas en versos breves. Resultan así núcleos que por su calidad muchas veces antirrítmica llevan una extraordinaria fuerza expresiva. Su brevedad y su intensidad acentual fragmentan el fluir armonioso del ritmo establecido en la lectura, produciendo un frenazo inesperado, seguido de una pausa. Tras ella, el lector tiene que volver a establecer el sistema rítmico en los versos siguientes:

o esa verdosa angustia del cometa	11
que antorcha aún, como oprimida antorcha	11
invariablemente, / indefinidamente	7+7
cae,	2
pidiendo destrucción, ansiando choque.	11

("A Pizca")

Te niegas a la luz profundamente:	11
la rechazas,	4
ya teñida de ti: verde, amarilla,	11
—vencida ya— gris, roja, plata.	9
Y celas de la noche,	7
la ardua	2
noche de horror de tus entrañas sordas.	11

("Cosa")

Las breves observaciones hechas sobre la versificación de *Hijos de la ira* muestran una característica importante del arte creador de Dámaso Alonso: la constante preocupación por hallar y mantener una adecuación satisfactoria del ritmo y del dinamismo expresivo a la expresión precisa del significado. Los poemas del libro, generalmente extensos, reflejan una gran variedad de contenidos significativos y emocionales. Aun dentro del mismo poema hallamos fragmentos cuya expresión oscila entre la ternura o una triste resignación y el odio o la ira. El dinamismo expresivo correspondiente requiere también una estructura variada, desde una lentitud monótona hasta una vertiginosa aceleración angustiosa. El poeta, en su deseo de crear un mensaje de máxima efectividad comunicativa, abandona el verso tradicional que le exigiría frecuentes rupturas de las unidades sintácticas y semánticas. En otras palabras, el poeta considera que el mensaje es más importante que la forma poética y es ésta la que debe ajustarse a las necesidades de aquél, pero sin perder una fuerte cohesión rítmica.

La cosmovisión

> Para otros, el mundo nos es un caos y una angustia, y la poesía una frenética búsqueda de ordenación y de ancla. Sí, otros estamos muy lejos de toda armonía y toda serenidad. Hemos vuelto los ojos en torno, y nos hemos sentido como una monstruosa, indescifrable apariencia, rodeada, sitiada por otras apariencias, tan incomprensibles, tan feroces, quizá tan desgraciadas como nosotros mismos: "monstruo entre monstruos", o nos hemos visto cadáveres entre otros millones de cadáveres vivientes, pudriéndonos todos, inmenso montón, para mantillo de no sabemos qué extrañas flores, o hemos contemplado el fin de este mundo, planeta ya desierto en el que el odio y la injusticia, monstruosas raíces invasoras, habrán ahogado, habrán extinguido todo amor, es decir, toda vida. Y hemos gemido largamente en la noche. Y no sabíamos hacia dónde vocear.
>
> Yo gemía así. Y el contraste con toda poesía arraigada es violentísimo. Pero yo no estaba solo. ¿Cómo, si la mía no era sino una partícula de la doble angustia en que todos participábamos, la permanente y esencial en todo hombre, y la peculiar de estos tristes años de derrumbamiento, de catastrófico apocalipsis? Sí; el fenómeno se ha producido en todas partes, allí donde un hombre se sienta solidario del desnorte, de la desolación universal. Mi voz era sólo una entre muchas de fuera y dentro de España, coincidentes todas en un inmenso desconsuelo, en una búsqueda frenética de centro o de amarre. ¡Cuántos poetas españoles han sentido esta llamada! [33]

[33] "Poesía arraigada y poesía desarraigada", en *Poetas españoles contemporáneos* (3.ª ed.), p. 349.

A lo largo de las páginas de esta introducción, el lector se habrá dado cuenta ya de que Dámaso Alonso, como catedrático y crítico literario, complementa su obra poética con numerosos escritos (a veces intencionalmente explicativos, otras, marginales, diseminados en varios artículos) que nos revelan no solamente las normas de su lenguaje poético innovador, sino también la génesis y la naturaleza de sus inquietudes humanas, reflejadas en su poesía. En el texto citado, Dámaso Alonso se sitúa en el grupo de poetas que él denomina *desarraigados,* quiere decir, los que, no encontrando raíces firmes o seguridad en una creencia o en un conocimiento comprobado, no se resignan sino que incesantemente indagan y angustiosamente luchan por encontrar una explicación (si no solución) del gran misterio que nos rodea. [34] Y no solamente eso; el poeta define la naturaleza de la doble angustia que le mueve a escribir: la angustia existencial y la angustia histórica, provocada por el "catastrófico apocalipsis" de las dos guerras. Dos poderosos símbolos presiden esta temática y llenan las páginas de *Hijos de la ira* por doquier que miremos: son los conceptos de lo *monstruoso* y de la *podredumbre,* a través de los cuales el poeta vierte su indagación y su protesta. [35]

A los dos temas de la angustia humana hay que añadir otro, no menos angustioso por constituir precisamente esta "búsqueda frenética de centro o de amarre": la "indagación en la realidad del mundo, en su esencia, y de su primera causa". [36] También aquí nos encontramos con la imagen de los monstruos, aunque concebida en su sentido diferente (pero relacionado): "Cada ser es un *monstruo* porque es inexplicable, extraño, absurdo. (Es el valor pri-

[34] Nos viene a la mente el ejemplo del otro gran *desarraigado* español, Miguel de Unamuno: "Mi religión es buscar la verdad en la vida y la vida en la verdad... mi religión es luchar incesante e incansablemente con el misterio" ("Mi religión").

[35] Por contraste, encontraremos pasajes y poemas de una conmovedora ternura, porque "toda la ira del poeta se sume de vez en cuando en un remanso de ternura" (*Poemas escogidos,* p. 194).

[36] Ídem, p. 194.

mordial que *monstrum* tenía en latín).»[37] En conjunto, los tres temas se complementan y, con frecuencia, se funden dentro del poema: si la esencia del ser es inexplicable, lo será también su existencia, su conducta ética y su finalidad.

1. La indagación del ser

El lector que conoce la obra de Dámaso Alonso (poética, estilística o filológica) no tarda en percatarse de una característica constante de su labor (que no es más que el fiel reflejo de su personalidad humana): su enorme curiosidad inquisitiva que, en busca de una explicación o definición precisa, desmenuza lo mismo un fonema que una imagen o una situación vital. En su obra poética, ya desde los primeros versos en que el joven poeta se asoma a la ventana para contemplar el mundo, hay un deseo de conocimiento que trasciende la pura realidad visual. Esa necesidad de saber no tiene límites: desde un minúsculo insecto hasta el espacio cósmico o una realidad metafísica, todo es un enigma, un misterio que el poeta intenta descifrar. Pero he aquí el problema insoluble: el proceso cognoscitivo que parte de una contemplación de la realidad (física o espiritual), convirtiéndose luego en una interrogación intelectual, choca abruptamente contra la impenetrable barrera que oculta la esencia del ser, inalcanzable para la limitada mente humana.[38]

[37] Ídem, p. 194.

[38] En su libro posterior, *Hombre y Dios,* el poeta expresa esta desesperante insuficiencia, pidiendo el conocimiento total, reservado a Dios:

> Mi inteligencia insomne
> anhela parecérsete:
> dame la maravilla,
> la dura precisión
> del mundo que has creado.
>
> ("1.ª Palinodia: La inteligencia".)

De la infranqueable cerrazón de la esencia del ser surge el concepto de lo *monstruoso,* monstruoso por inexplicable. Este concepto se encuentra ya en los libros anteriores a *Hijos de la ira*:

La noche: … monstruo negro, tiene abiertas
sus tremebundas fauces, para
devorar la ciudad…

El viento: … el más ágil
y puro de los monstruos que nos pueblan
nuestra vida, de formas y portentos.

El destino: Dura belleza torva,
ojos de acero y bronce la melena…

El amor: Monstruo fugaz, espanto de mi vida,
rayo sin luz, oh, tú, mi primavera,
mi alimaña feroz… [39]

Pero es en *Hijos de la ira* donde la imagen de los monstruos alcanza una presencia constante (lo que explica la gran parte del vocabulario vulgar). El poeta, de una manera sistemática, se enfrenta con varios seres que, jerárquicamente, abarcan todo lo que existe, desde un objeto, un ser vegetal, un ser animal, el hombre y hasta Dios.

Los primeros poemas del libro (aparte de "Los insectos"), anteriores a 1936, y por tanto libres aún de un lenguaje violento, son "Cosa" y "Voz del árbol". En ambos casos, Dámaso Alonso intenta lograr un conocimiento íntimo y esencial. La cosa, "turbia bestezuela de sombra" no se le rinde más que superficialmente (nombre, forma, color, peso, fragancia); el árbol, "monstruo con brazos, garras y cabellera", apenas le roza el rostro como un mensaje cuyo sentido permanece ininteligible.

[39] Los cuatro ejemplos citados pertenecen, respectivamente, a: "Crepúsculo" (*Poemas puros. Poemillas de la ciudad*), "Fragmentos" (El viento y el verso, de *Oscura noticia*), "Muerte aplazada" (Dos poemas, de *Oscura noticia*), "Amor" (*Oscura noticia*).

En el núcleo principal del libro, o sea en los poemas escritos entre 1942 y 1943, la indagación del ser se mezcla ya con el tema más inmediato de la angustia existencial. Se trata, además, de los seres situados en un nivel superior, con una mayor conciencia (o instinto) de vivir y una capacidad manifestada de sentir (y sufrir). "Elegía a un moscardón azul" y "A Pizca" (un perro) tratan del ser animal, indagando en el misterio de la vida y de la muerte, y de ese

> ... terror oscuro,
> ese espanto en la entraña
> de todo lo que existe
> (entre dos noches, entre dos simas, entre dos mares).
>
> ("A Pizca")

Y así llegamos al hombre, la máxima y la más perfecta creación del universo, un ser como ninguno, dotado de toda una serie de facultades: sensoriales, emocionales e intelectivas. La rama del árbol rozaba el rostro del poeta porque la impulsaba la brisa; el perro aullaba a su lado, husmeando acaso un peligro inmediato de una manera instintiva; la cosa apenas cedía su forma o su color. ¿Pero el hombre? No, tampoco el hombre. Su casi perfecto sistema de signos expresivos tampoco pasa de una superficialidad insignificante:

> ... borrado en la expresión, disuelto
> en ademán: sólo flautín bardaje,
> sólo terca trompeta,
> híspida en el solar contra las tapias.
>
> ("Hombre")

El tono de los poemas que indagan en la naturaleza del hombre se vuelve duro y amargo. El enigma del ser humano, la incapacidad de penetrar en su esencia, o por lo menos de disipar algo de su misterio, producen un estallido de ira e imprecación, expresadas en un lenguaje violentísimo. El hombre es "monstruo entre monstruos"; la humanidad entera es:

... una masa fungácea y tentacular, que avanza en la
tiniebla a horrendos tentones,
monstruosas, tristes, enlutadas amebas.

("En el día de los difuntos")

Una manifestación especial de este lenguaje es el autoimproperio. Desesperado de no poder comprender al ser humano, ni siquiera comunicarse con él fuera de las situaciones puramente circunstanciales, el poeta, como hombre, se vuelve hacia sí mismo, indagando en su propia esencia que le pudiera dar una respuesta universalmente valedera:

dime, dulce amor mío,
dime, presencia incógnita,
45 años de misteriosa compañía
¿aún no son suficientes
para entregarte, para desvelarte
a tu amigo, a tu hermano,
a tu triste doble?

("Yo")

Más le valiera no haber hecho la pregunta, no haber buceado en las profundidades de su propio ser, tan incomprensible y tan monstruoso como los demás. Al indagar en la esencia de este "dulce amor mío", de su "frenética pasión de cada día", el poeta descubre

... a cada segundo una cara distinta,
unos ojos crueles,
los ojos de un desconocido,
que me miran sin comprender...

y, desengañado, prorrumpe en la más violenta autodenominación vulgar y repugnante: alacrán, necrófago, cadáver, hiena crepuscular, fétida hidra, etc.

El poema "Monstruos" presenta la síntesis de todas sus indagaciones en la esencia del ser. El poeta, mirando alrededor suyo, se encuentra cercado de monstruos que, incomprensibles todos ellos, parecen interrogarle también, igual que lo hace él. Se establece así un intento de comunicación recíproca, imposible por supuesto, que sólo produce una angustia creciente y, más aún, el recelo ante la posibilidad de ser objeto de un escrutinio inquisidor por parte de los demás.[40] El poema incluye, como tema central, la invocación hacia Dios, el único capaz de revelar el enigma del ser.

La invocación hacia Dios no pasa de ser retórica también: "una densa pesadilla del monólogo eterno y sin respuesta" ("Hombre"). Porque Dios es un enigma más, una presencia invisible, un *monstruo* que se resiste a la indagación del hombre. La postura de Dámaso Alonso frente a Dios refleja la naturaleza inescrutable del ser divino y, por consiguiente, causa reacciones diferentes, muchas veces contradictorias, de un amor entrañable a una total negación. Pero sigue preguntando, porque Dios es la única esperanza del hombre y a él acude cada criatura en busca de la respuesta al misterio.[41]

La indagación del ser divino llena las páginas de *Hijos de la ira.* A veces busca explicación de sus actos ("Insomnio"); otras, inquiere la magnitud de su fuerza arrolladora ("El alma era lo mismo que una ranita verde", "La isla") o su justicia ("De profundis", "Dedicatoria final. Las

[40] Esta amenaza coincide con la teoría orteguiana de "Yo soy yo y mi circunstancia", según la cual el yo, visto por sí mismo como *sujeto,* se siente acechado por el otro y convertido en *objeto* de su circunstancia particular.

[41] Insiste Dámaso Alonso en que toda la poesía es religiosa:

> Toda poesía es religiosa. Buscará unas veces a Dios en la Belleza. Llegará a lo mínimo, a las delicias más sutiles, hasta el juego, acaso. Se volverá otras veces, con íntimo desgarrón, hacia el centro humeante del misterio, llegará quizá a la blasfemia. No importa. Si trata de reflejar el mundo, imita la creadora actividad. Cuando lo canta con humilde asombro, bendice la mano del Padre. Si se revuelve, iracunda, reconoce la opresión de la poderosa presencia. Si se vierte hacia las grandes incógnitas que fustigan el corazón del hombre, a la gran puerta llama. Así va la poesía de todos los tiempos a la busca de Dios...
>
> (*Poetas españoles contemporáneos,* pp. 375-376)

alas"); otras, increpa su silencio ("Monstruos") o indaga en su invisible presencia. Este último aspecto inspira el poema "En la sombra", donde el concepto de lo monstruoso adquiere su máxima expresión imaginativa:

> Tú me oteas, escucho tu jadear caliente,
> tu revolver de bestia que se hiere en los troncos,
> siento en la sombra
> tu inmensa mole blanca, sin ojos, que voltea
> igual que un iceberg que sin rumor se invierte
> en el agua salobre.

La indagación en la esencia del ser, esfuerzo humano de todos los tiempos, está condenada al fracaso debido a la limitación intelectiva del hombre que apenas logra penetrar los accidentes externos a través de los que esta esencia se manifiesta: su forma exterior, sus movimientos o acciones, su imperfecto sistema comunicativo; quiere decir, su existencia. En el caso de Dios, aun esta existencia queda incierta por carecer de manifestaciones discernibles a las limitadas facultades humanas. Y, sin embargo, el hombre, el poeta, sigue buceando en el misterio, sigue luchando desesperadamente buscando "angustiosamente nuestras amarras esenciales —¡no existenciales!—", [42] porque sin ellas la misma existencia carece de sentido.

2. La angustia existencial

La existencia humana, el vivir en el tiempo, es otro problema de gran envergadura. Si bien es cierto que sus accidentes manifestados son analizables y catalogables, queda una zona impenetrable: su origen, sus motivaciones oscuras y, sobre todo, su finalidad en el mundo. El hombre antiguo apenas sentía estos problemas; su razón iba estrechamente ligada a su fe y encontraba la solución de toda la problemática existencial en Dios: el creador, el

[42] "Poesía arraigada y poesía desarraigada", p. 358.

juez, el padre. El hombre moderno, en cambio, paga un alto precio por su deseo de saber; su orgullo, al rechazar el eterno *ignorabimus* abre la puerta a la duda racional que produce una obsesión angustiosa:

Ahí estás,
moscardón verde,
hocicándome testarudo,
batiendo con zumbido interminable
tus obstinadas alas, tus poderosas alas velludas,
arrinconando esta conciencia, este trozo de conciencia em-
izándola a empellones tenaces [pavorecida,
sobre las crestas últimas, ávidas ya de abismo.

("La obsesión")

Sin sus "amarras esenciales", la vida humana resulta inexplicable, quiere decir, *montruosa* también. Por un lado, el poeta se siente atraído, apasionadamente enamorado de la vida, de "esa voluntad de minutos en sucesión que llamamos vivir" o "esa necesidad de ser futuros / que llamamos la vida".[43] Por otro lado, el mismo correr del tiempo, un tiempo finito, es fuente de una angustia incesante. El saberse sujeto a la muerte, la conciencia de *ser-para-la-muerte,* tan ampliamente comentada en la filosofía contemporánea, hace que el poeta contemple al hombre de la manera quevedesca de ser "presentes sucesiones de difunto", o sea, de ir muriéndose poco a poco, cada día, cada minuto. De esta visión surge el segundo símbolo poderoso, el de la *podredumbre,* que aparece en varios poemas de *Hijos de la ira* y cuya expresión más dramática lo constituyen los poemas "Insomnio" y "De profundis". Varias imágenes derivadas de este concepto imprimen un fuerte sello sobre el tratamiento del tema de la vida humana y, sirviéndose de un vocabulario repugnante y vulgar, expresan la *náusea existencial* de una manera intensamente gráfica:

[43] De "Mujer con alcuza" y "Elegía a un moscardón azul", respectivamente.

como la vida
(ese amarillo pus que fluye del hastío,
de la ilusión que lentamente se pudre,
de la horrible sombra cárdena donde nuestra húmeda
orfandad se condensa),
goteaba en mi sueño, medidora del sueño,
segundo tras segundo.
("A la Virgen María")

La angustia existencial de Dámaso Alonso incluye todos los temas tratados por la filosofía contemporánea. Además de la temporalidad finita (véase también el poema "Vida del hombre") y la náusea existencial, encontramos en las páginas de *Hijos de la ira* una honda meditación sobre la *soledad radical* ("Hombre"), la *injusticia absoluta,* el *deseo de morir* y, paradójicamente, el *miedo a la muerte.*

Todos estos temas, diseminados en muchos poemas del libro, se sintetizan maravillosamente en el poema magistral de Dámaso Alonso, "Mujer con alcuza". Todo lo que se ha dicho de este poema (hemos citado algunos juicios críticos) no logra abarcar la grandeza monumental de esta creación ni la densidad temática ni la intensidad intuitiva que la produjera, partiendo de la simple observación real.[44]

La brevedad de esta introducción no nos permite un comentario adecuado de este poema.[45] Nos limitaremos a considerar ligeramente su estructura y a señalar los aspectos sobresalientes de su temática existencial.

El título mismo del poema, "Mujer con alcuza", aparte de identificar a un personaje real, está cargado de significación: la *alcuza* podría considerarse como el emblema de la humanidad que, si por un lado representa las nece-

[44] Ocurre a veces que una creación genial se produce sin que su autor se dé cuenta de la amplitud de su significado en el momento de escribir. Tal es el caso de "Mujer con alcuza" (véase su génesis, p. 105).

[45] Para un análisis detallado, véase mi libro *Tres poemas de Dámaso Alonso,* pp. 24-108.

sidades de la vida diaria (el fuego y el alimento), expresa también la imagen simbólica de la sabiduría (el poeta mismo lo insinúa: "en la mano, como el atributo de una semidiosa, su alcuza", verso 142).

En rápida sucesión, el poeta nos dibuja el escenario poético, dividido en tres planos: *real* (el caminar cansado por la ciudad), *simbólico* (el paso por un inmenso cementerio) y *alegórico* (el viaje en el tren). La unidad temática se mantiene gracias a varios puntos de contacto entre los planos (por ejemplo, las estaciones del tren se convierten en tumbas) y a su fusión total en la última parte del poema (versos 131-147). El poema se abre y se cierra con un signo de interrogación, simbólico también de la vida humana. La parte central lo constituye la alegoría de la vida como viaje en un tren.

Al leer los versos de "Mujer con alcuza", el lector descubre toda la serie de temas existenciales que mencionábamos antes:

El miedo a la muerte:

> . . . llevada
> por un terror
> oscuro,
> por una voluntad
> de esquivar algo horrible.
>
> (versos 13-17)

La náusea existencial

> mareada por el ruido de la
> [conversación,
> por el traqueteo de las ruedas
> y por el humo, por el olor a
> [nicotina rancia.
>
> (versos 40-42)

La injusticia absoluta:

> ha comprendido siempre
> cuán bestial es el topetazo de
> [la injusticia absoluta.
>
> (versos 60-61)

El deseo de la muerte:	Siempre parando en estacio- [nes diferentes, siempre con un ansia turbia, [de bajar ella también, de quedarse ella también, (versos 89-90)
La soledad radical:	y estaba sola (véase el fragmento, versos 105-130)
La negación de Dios:	en el enorme tren vacío, donde no va nadie, que no conduce nadie. (versos 128-130)
Lo absurdo de la vida humana:	... Y ésa es la terrible, la estúpida fuerza sin pupilas, que aún hace que esa mujer avance y avance por la acera, (versos 131-134)

Se podría hacer un estudio completo del pensamiento existencial de Dámaso Alonso a través de este poema singular. Es la historia del hombre (de la humanidad) que "sin amarras esenciales" está abandonado a una vida absurda y monstruosa, transido de una amarga angustia existencial.

3. El diario íntimo

La angustia existencial, "la permanente y esencial en todo hombre", se complementa en *Hijos de la ira* con esa otra, "peculiar de estos tristes años de derrumbamiento, de catastrófico apocalipsis".[46] Se refiere aquí el poeta

[46] Véase p. 41.

a los sucesos históricos que han dejado una profunda huella en su conciencia de hombre y en su obra poética:

> Habíamos pasado por dos hechos de colectiva vesania, que habían quemado muchos años de nuestra vida, uno español y otro universal, y por las consecuencias de ambos. Yo escribí *Hijos de la ira* lleno de asco ante la "estéril injusticia del mundo" y la total desilusión de ser hombre.[47]

Los hechos históricos de las dos guerras, la guerra civil española y la mundial que le siguió, provocan en el poeta una reacción violenta que él mismo define como el asco y "la total desilusión de ser hombre". Pero no se detiene en estos sucesos anecdóticamente sino que, con su característica actitud inquisitiva, profundiza en sus causas. Son una vez más sucesos reales que potencian su intuición creadora hacia temas universales, tan antiguos como la humanidad misma. El resultado es un estallido violento contra el *odio* y la *injusticia,* no como factores externos y circunstanciales, sino como fuerzas o motores psíquicos que dominan al hombre desde su expulsión del paraíso.

En los poemas "La injusticia" y "Raíces del odio" encontramos un amplio comentario de este tema. Intercaladas entre tiernas escenas edénicas ("la infancia del mundo"), surgen las imágenes de furias vengadoras o raíces venenosas que invaden el alma y el corazón del hombre ("¿Quién os puso en la tierra / del corazón?", pregunta el poeta). Su acción destructora y su repugnante fecundación procreadora ("Raíces del odio", versos 97-104) adquieren proporciones apocalípticas en las que destaca la imagen de la serpiente (cabellos de las furias mitológicas o, como metáfora de las raíces, expresión del mito paradisíaco):

> ... lentas se yerguen,
> súbitas se desgarran
> las afiladas testas viperinas.

[47] Véase p. 29. Semejante expresión de la génesis de su libro la encontramos también en el poema "Dedicatoria final (Las alas)", versos 100-113.

Sádicamente, sabia-
mente, morosamente,
roéis la palpitante,
la estremecida pulpa voluptuosa.
Lúbricos se entretejen
los enormes meandros,
las pausadas anillas;
y las férreas escamas
abren rastros de sangre y de veneno.
("Raíces del odio")

La injusticia y el odio inspiran también otro gran poema del libro, "El último Caín", una visión alucinante del fratricida bíblico, empeñado en la destrucción total de la humanidad.

Para terminar, no podemos dejar de mencionar otra parte de este "diario íntimo" que es *Hijos de la ira.* Entre todos los poemas que expresan la angustia y la indignación del poeta, sea universal o particular, hallamos varios que nos impresionan por su tono amoroso y tierno. Y es, como dice Dámaso Alonso, que "toda la ira del poeta se sume de vez en cuando en un remanso de ternura".[48] La única defensa del hombre frente a todas las maldades o vicisitudes de la vida es el *amor*: amor a la vida, amor al prójimo, amor a Dios. Ya en el poema "El último Caín" se anticipa el fracaso del fratricida ante la fuerza persistente del amor:

Pero la vida es más fuerte que tú,
pero el amor es más fuerte que tú,
pero Dios es más fuerte que tú.
(versos 132-134)

Valiéndose del amor, el poeta opone su tierna humanidad a los ataques invasores de la injusticia:

Heme aquí:
soy hombre, como un dios,
soy hombre, dulce niebla, centro cálido,
pasajero bullir de un metal misterioso que irradia la ter-
[nura.

[48] Véase nota 35.

Podrás herir la carne
y aun retorcer el alma como un lienzo:
no apagarás la brasa del gran amor que fulge
dentro del corazón...

("La injusticia")

A pesar de las frecuentes dudas, e incluso negaciones desesperadas, Dámaso Alonso se vuelve a menudo hacia Dios buscando su amor y su protección. El anhelo, casi místico, de la fusión total con el ser divino en un acto amoroso de posesión suprema, le inspira dos grandes alegorías: "El alma era lo mismo que una ranita verde" y "La isla". Pero el gran símbolo del amor es la *mujer*. Ya desde sus poesías juveniles, la figura de la mujer representa la paz y la armonía, quiere decir, el nexo con la divinidad.[49] En ella vierte el poeta la expresión más tierna de su amor humano y en ella busca refugio en los momentos difíciles de su vida.

Destaca sobre todo la figura de la *madre*. Es como si el poeta, sintiéndose huérfano abandonado, quisiera acudir al amor maternal para encontrar consuelo y reposo. Es éste el sentido del poema "A la Virgen María". Aunque parta de la tradición católica: "(30 años hace que no te invocaba.)", la Virgen María se desprende del marco devocional y constituye la concretización simbólica de la ternura ("primavera", "luna grande de enero", "dulce sueño", "agua tersa") que, a su vez, se sintetiza en la imagen

[49] En el soneto "Ciencia de amor", de *Oscura noticia,* dice el poeta:

Yo no sé si eres muerte o si eres vida,
si toco rosa en ti, si toco estrella,
si llamo a Dios o a ti cuando te llamo.

Y en un comentario al soneto amoroso de Dante "Tanto gentile..." escribe: "Treinta y cinco años hace que este soneto de Dante es un compañero de mi vida. Un ángel bueno para refrenarme en la hora que nos empujaría a la maldad. Si alguna vez he mirado a lo mejor, a él se lo atribuyo. Si no se ha secado en mi alma la ingenuidad, si algo me queda del niño, a él creería que se lo debo" (*Poesía española. Ensayo de métodos y límites estilísticos* (5.ª ed.), Ed. Gredos, Madrid, p. 43.

de la "matriz eterna donde el amor palpita, / madre, madre":

> … Déjame ahora que te sienta humana,
> madre de carne sólo,
> igual que te pintaron tus más tiernos amantes,
> déjame que te contemple, tras tus ojos bellísimos,
> los ojos apenados de mi madre terrena,
> permíteme que piense
> que posas un instante esa divina carga
> y me tiendes los brazos,
> me acunas en tus brazos,
> acunas mi dolor,
> hombre que lloro.

De gran ternura amorosa es también el poema "La madre" donde, en varios planos temporales superpuestos, el poeta describe su amor hacia la figura materna.

Termina el libro *Hijos de la ira* con el poema "Dedicatoria final (Las alas)". Es una conmovedora confesión de sus sentimientos más íntimos y un comentario a su quehacer vital cuya parte más entrañable la constituye su obra poética. Una vez más subraya el poeta el valor primordial del amor como el único medio de salvación ante los ojos de Dios. De nada sirven los hechos o las obras realizadas en el transcurso de la vida; en el momento supremo, en el juicio final, es el amor, amor humano (el único del que es capaz nuestra naturaleza), el que nos tiende las alas de la salvación:

> Eran aquellas alas
> lo que ya me bastaba ante el Señor,
> lo único grande y bello
> que yo había ayudado a crear en el mundo.
> Y eran
> aquellas alas vuestros dos amores,
> vuestros amores, mujer, madre.
>
> (versos 157-163)

Hijos de la ira es un magnífico testimonio de un gran poeta. Nos deja en sus páginas un historial completo del hombre-Dámaso, pero también del hombre contemporáneo en general. Triste o iracundo como el tiempo en que le toca vivir, profundo en sus indagaciones en la esencia y en la existencia del hombre, tierno en su expresión del amor humano.

MIGUEL J. FLYS

NOTICIA BIBLIOGRÁFICA

LIBROS DE POESÍA

1. *Poemas puros. Poemillas de la ciudad*

   1.ª edición: Editorial Galatea, Madrid, 1921.
   2.ª edición: Colección Austral, núm. 1639. Editorial Espasa-Calpe, Madrid, 1981 (incluye los libros *Gozos de la vista* y *Otros poemas*).
   3.ª edición: Colección Pentesilea, 5. Ediciones Caballo Griego para la Poesía, Madrid, 1984 (incluye una introducción biográfica, por el autor, y el libro *Hombre y Dios*).

2. *Oscura noticia*

   1.ª edición: Colección Adonais, núm. VII. Editorial Hispánica, Madrid, 1944.
   2.ª edición: Colección Verso y Prosa. Editorial Hispánica, Madrid, 1944.
   3.ª edición: Colección Austral, núm. 1290. Editorial Espasa-Calpe, Madrid, 1959 (incluye el libro *Hombre y Dios*).

3. *Hijos de la ira*

   1.ª edición: Editorial "Revista de Occidente", Madrid, 1944.
   2.ª edición: Colección Austral, núm. 595. Editorial Espasa-Calpe, Buenos Aires, 1946 (a partir de esta edición se añaden cinco poemas nuevos).

3.ª edición: Colección Austral, núm. 595 (2.ª ed.), Madrid, 1958.
4.ª edición: Colección Austral, núm. 595 (3.ª ed.), Madrid, 1969.
5.ª edición: Colección Austral, núm. 595 (4.ª ed.), Madrid, 1973.
6.ª edición: Colección Austral, núm. 595 (5.ª ed.), Madrid, 1977.
7.ª edición: Colección Austral, núm. 595 (6.ª ed.), Madrid, 1978.
8.ª edición: Colección Austral, núm. 595 (7.ª ed.), Madrid, 1979.

Ediciones especiales

Edición crítica (con prólogo y notas de Elias L. Rivers), Colección Textos Hispánicos Modernos, 4. Editorial Labor, Barcelona, 1970.
Edición ilustrada (con dibujos de Pla-Narbona), Colección "La voz y la forma". Editorial Noguer, Barcelona, 1975.
Voz del Árbol (el poema "Voz del árbol" en español, inglés, alemán y francés, con once estampas originales de Daniel Quintero, grabadas al aguafuerte), colección "Tempus Gaudii". Ediciones de Arte y Bibliofilia, Madrid, 1981.

4. *Hombre y Dios*

1.ª edición: Colección "El arroyo de los ángeles", 8. Málaga, 1955.
2.ª edición: Colección Austral, núm. 1.290. Editorial Espasa-Calpe, Madrid, 1959 ((incluye el libro *Oscura noticia*).
3.ª edición: Colección Pentesilea, 5. Ediciones Caballo Griego para la Poesía, Madrid, 1984 (incluye una introducción biográfica, por el autor, y el libro *Poemas puros. Poemillas de la ciudad*).

5. *Gozos de la vista*

1.ª edición: Colección Austral, núm. 1.639. Editorial Espasa-Calpe, Madrid, 1981 (incluye los libros *Poemas puros. Poemillas de la ciudad* y *Otros poemas*).

6. *Duda y amor sobre el Ser Supremo*

1.ª edición: Colección "Letras Hispánicas", Ediciones Cátedra, Madrid, 1985 (incluye una antología poética titulada *Antología del monstruoso mundo*).

ANTOLOGÍAS

Antología: Creación (Selección, prólogo y notas de Vicente Gaos), Colección 21, 8. Editorial Escelicer, Madrid, 1956.

Poemas escogidos (Selección y notas del autor), Colección Antología Hispánica. Editorial Gredos, Madrid, 1969.

Dámaso Alonso: Antología poética (Selección y prólogo de Philip W. Silver), Colección El libro de Bolsillo, 712. Alianza Editorial, Madrid, 1979.

Dámaso Alonso para niños (edición preparada por María Asunción Mateo e ilustrada por Concha Martínez), Colección "Alba y Mayo", Ediciones de la Torre, Madrid, 1985.

Antología del monstruoso mundo. Duda y amor sobre el Ser Supremo, Colección "Letras Hispánicas", Ediciones Cátedra, Madrid, 1985.

TRADUCCIONES

En alemán:

Söhne des Zorns (trad. Karl August Horst), Colección Bibliothek Suhrkamp, XXII. Suhrkamp Verlag, Berlin-Frankfurt A. M., 1954.

En inglés:

Hijos de la ira. Children of Wrath (edición bilingüe, trad. Elías L. Rivers). The Johns Hopkins Press, Baltimore-London, 1970.

En italiano:

Uomo e Dio (introducción y traducción de Oreste Macrí), Colección Acquario. Ed. All'insegna del pesce d'oro, Milano, 1962.

Figli dell'ira (edición bilingüe, trad. Giorgio Chiarini). Vallecchi Editore, Firenze, 1967.

BIBLIOGRAFÍA SELECTA SOBRE EL AUTOR

1. Libros

Alvarado de Ricord, Elsie, *La obra poética de Dámaso Alonso,* Editorial Gredos, Madrid, 1967.

Debicki, Andrew P., *Dámaso Alonso,* Twayne's World Authors Series. Twayne Publishers, New York, 1970.

Ferreres, Rafael, *Aproximación a la poesía de Dámaso Alonso,* Biblioteca Filológica. Editorial Bello, Valencia, 1976.

Flys, Miguel J., *La poesía existencial de Dámaso Alonso,* Biblioteca Románica Hispánica, 100. Editorial Gredos, Madrid, 1968.

——, *Tres poemas de Dámaso Alonso (Comentario estilístico),* Biblioteca Universitaria Gredos. Editorial Gredos, Madrid, 1974.

Zorita, Ángel, *Dámaso Alonso,* Colección Grandes Escritores Contemporáneos. Ediciones y Publicaciones Españolas, Madrid, 1976.

2. Colecciones de artículos y homenajes

Insula, núms. 138-139 (mayo-junio de 1958).

Papeles de Son Armadans, núms. XXXII-III (noviembre-diciembre de 1958).

Cuadernos Hispanoamericanos, núms. 280-282 (octubre-diciembre de 1973).

Books Abroad, vol. 48, núm. 2 (Spring, 1974).

ABC. Sábado Cultural, núm. 243 (28 de septiembre de 1985).

Homenaje universitario a Dámaso Alonso, Editorial Gredos, Madrid, 1970.

NOTA PREVIA

PARA la preparación de esta edición se ha seguido el texto de las ediciones de la Colección Austral que no ha sido alterado, salvo en contadísimos casos que van anotados en las notas a pie de página. Tampoco hay cambios de la primera edición, excepto algunas correcciones en la puntuación, hechas por el poeta.

El único problema, insoluble, es la cuestión de las fechas de composición de cada poema, debido a que no existen manuscritos fechados. La información asequible es la que nos da el poeta:

> La mayor parte de los poemas que figuraban en la primera edición de este libro (publicado en la primavera de 1944), y los más característicos de él, fueron escritos entre 1942 y 1943, y especialmente en el otoño de este último año. Pero entre los que reproducimos aquí hay alguno de 1940 ("Insomnio") y varios anteriores a 1936 ("Cosa", "Voz del árbol") y uno de hacia 1932 ("Los insectos").
>
> En la segunda edición (primera en la "Colección Austral" de Espasa-Calpe), Buenos Aires, 1946, el texto fue bastante ampliado con nuevos poemas (escritos entre 1944 y 1945). *(Poemas escogidos,* p. 193.)

Son cinco los poemas añadidos: "La injusticia", "El último Caín", "En la sombra", "La obsesión" y "A la Virgen María".

Finalmente, queremos expresar nuestro agradecimiento a Dámaso Alonso que, como siempre, nos ha facilitado toda clase de información y comentarios útiles, y a la *American Philosophical Society* que, con una generosa beca de investigación, hizo posible el presente trabajo.

M. J. F.

DAMASO ALONSO

HIJOS DE LA IRA

DIARIO INTIMO

REVISTA DE OCCIDENTE
MADRID

Portada facsímil de *Hijos de la ira,* Madrid, 1944.

A
EMILIO GARCIA GOMEZ *
por su amistad:
gracias

* Emilio García Gómez (1905 —), un destacado arabista español, miembro de las Reales Academias Española de la Lengua y de la Historia.

... et eramus natura filii irae sicut et ceteri...

EPHES., II, 3 *

* La fuente del título (*filii irae*: hijos de la ira). Es un fragmento de la segunda epístola de san Pablo a los Efesios. Para aclarar su sentido, citamos el texto desde el principio: [1]*Vosotros estabais muertos por vuestros delitos y pecados,* [2]*en los que en otro tiempo habéis vivido, siguiendo el espíritu de este mundo, bajo el príncipe de las potestades aéreas, bajo el espíritu que actúa en los hijos rebeldes.* [3]*Entre los cuales todos nosotros fuimos también contados en otro tiempo y seguimos los deseos de la carne y de los malos pensamientos, siendo por nuestra conducta hijos de la ira, como los demás.* La descripción paulina (muertos, delitos, pecados, hijos rebeldes, hijos de la ira) contrasta con la imagen gloriosa del hombre cristiano de la quinta epístola: [8]*Porque en otro tiempo fuisteis tinieblas; mas ahora sois luz en el Señor. Vivid como hijos de la luz...* Dámaso Alonso, sacudido por los horrores de las guerras y desilusionado en el ser humano, refleja la visión maldita de la segunda epístola. La frase se repite en el poema "Raíces del odio" a las que el poeta llama *hijas de la ira* (v. 80) y en "Dedicatoria final (Las alas)", donde define su libro de poesía: *Ay, hijo de la ira / era mi canto.* (vv. 112-113).

INSOMNIO *

Madrid es una ciudad de más de un millón de cadáveres (según las últimas estadísticas).
A veces en la noche yo me revuelvo y me incorporo en este nicho en el que hace 45 años que me pudro,
y paso largas horas oyendo gemir al huracán, o ladrar los perros, o fluir blandamente la luz de la luna.
Y paso largas horas gimiendo como el huracán, ladrando como un perro enfurecido, fluyendo como la leche de la ubre caliente de una gran vaca amarilla.

* Poema escrito en 1940, aunque la referencia a la edad del poeta (v. 2) lo situaría en 1943. Como la mayoría de los poemas de este libro, la inspiración viene de un hecho real: la noticia publicada en los periódicos de que la población de Madrid había alcanzado la cifra de un millón.

1-2 La noticia estadística se transforma inmediatamente en una visión de Madrid como cementerio, lo que justifica la imagen de *nicho* (tumba). La coincidencia con el tema del famoso artículo de M. J. de Larra es insignificante. El poeta no expresa aquí una crítica histórico-social, sino que desarrolla un tema existencial que trasciende a una visión universal.

3-4 El poeta recurre a las consagradas imágenes románticas que acompañan las escenas dramáticas: el huracán, el ladrido de los perros y la luz de la luna. El horror que expresan se aplica al hombre mismo; es el horror de la existencia (podredumbre) humana de la que el poeta es partícipe. La imagen

Y paso largas horas preguntándole a Dios, pregun- 5
tándole por qué se pudre lentamente mi alma,
por qué se pudren más de un millón de cadáveres
en esta ciudad de Madrid,
por qué mil millones de cadáveres se pudren lentamente en el mundo.
Dime, ¿qué huerto quieres abonar con nuestra podredumbre?
¿Temes que se te sequen los grandes rosales del día,
las tristes azucenas letales de tus noches? 10

---

mítica de la luna: *vaca* se intensifica identificándose con la *angustia fluyente* (que aparece también en el poema "Monstruos" (v. 30).

8-10 Las preguntas de estos versos sugieren que Dios es responsable de la injusticia existencial humana.

LA INJUSTICIA *

¿De qué sima te yergues, sombra negra?
¿Qué buscas?
Los oteros,
como lagartos verdes, se asoman a los valles
que se hunden entre nieblas en la infancia del mundo.
Y sestean, abiertos, los rebaños, 5
mientras la luz palpita, siempre recién creada,
mientras se comba el tiempo, rubio mastín que duerme a las puertas de Dios.

Pero tú vienes, mancha lóbrega,
reina de las cavernas, galopante en el cierzo, tras tus corvas pupilas, proyectadas
como dos meteoros crecientes de lo oscuro, 10

* Este poema no figura en la primera edición del libro. Según el poeta, fue alguna noticia pública nacional que le hirió profundamente y provocó la creación del poema.

2-6 Visión del mundo edénico, anterior a la llegada de la injusticia. El paisaje descrito (colinas alongadas sobre un llano: *lagartos verdes*) es un recuerdo de Cabezón de la Sal (Santander), lugar oriundo de la mujer del poeta.

7 El tiempo caracterizado en forma de un mastín que vela la paz del mundo recién creado.

8-24 Estos versos describen la terrible omnipresencia de la injusticia: como una monstruosa furia mitológica que domina los aires, una tumba que avanza por la tierra, y una turbia onda manante de la región subterránea.

cabalgando en las rojas melenas del ocaso,
flagelando las cumbres
con cabellos de sierpes, látigos de granizo.

Llegas,
oquedad devorante de siglos y de mundos, 15
como una inmensa tumba,
empujada por furias que ahincan sus testuces,
duros chivos erectos, sin oídos, sin ojos,
que la terneza ignoran.

Sí, del abismo llegas, 20
hosco sol de negruras, llegas siempre,
onda turbia, sin fin, sin fin manante,
contraria del amor, cuando él nacida
en el día primero.

Tú empañas con tu mano 25
de húmeda noche los cristales tibios
donde al azul se asoma la niñez transparente, cuando
apenas
era tierna la dicha, se estrenaba la luz,
y pones en la nítida mirada
la primer llama verde 30
de los turbios pantanos.

Tú amontonas el odio en la charca inverniza
del corazón del vejo,
y azuzas el espanto
de su triste jauría abandonada 35
que ladra furibunda en el hondón del bosque.

30-31 Símbolo de la corrupción moral que destruye la inocencia infantil.

32-36 Símbolos de la maldad en la vejez, completando así el dominio de la injusticia sobre el hombre, desde la niñez hasta la muerte. Los versos siguientes sintetizan esta idea con la imagen de los hombres subordinados al terrible poder.

Y van los hombres, desgajados pinos,
del oquedal en llamas, por la barranca abajo,
rebotando en las quiebras,
como teas de sombra, ya lívidas, ya ocres, 40
como blasfemias que al infierno caen.

... Hoy llegas hasta mí.
He sentido la espina de tus podridos cardos,
el vaho de ponzoña de tu lengua
y el girón de tus alas que arremolina el aire. 45
El alma era un aullido
y mi carne mortal se helaba hasta los tuétanos.

Hiere, hiere, sembradora del odio:
no ha de saltar el odio, como llama de azufre, de
mi herida.
Heme aquí: 50
soy hombre, como un dios,
soy hombre, dulce niebla, centro cálido,
pasajero bullir de un metal misterioso que irradia
la ternura.

Podrás herir la carne
y aun retorcer el alma como un lienzo: 55
no apagarás la brasa del gran amor que fulge
dentro del corazón,
bestia maldita.

Podrás herir la carne.
No morderás mi corazón, 60
madre del odio.
Nunca en mi corazón,
reina del mundo.

38 *oquedal*: monte sólo de árboles, limpio de matorrales y hierba.

52-53 En fuerte contraste con las imágenes anteriores, la visión del hombre que no se rinde a la injusticia: dulce, cálido, misterioso y tierno (aunque pasajero).

EN EL DIA DE LOS DIFUNTOS *

¡Oh! ¡No sois profundidad de horror y sueño,
muertos diáfanos, muertos nítidos,
muertos inmortales,
cristalizadas permanencias
de una gloriosa materia diamantina! 5
¡Oh ideas fidelísimas
a vuestra identidad, vosotros, únicos seres
en quienes cada instante
no es una roja dentellada de tiburón,
un traidor zarpazo de tigre! 10

¡Ay, yo no soy,
yo no seré
hasta que sea
como vosotros, muertos!

* Poema escrito en noviembre (cf. v. 95) de 1943 con el motivo del Día de los Difuntos (2 de noviembre), cuando la gente lleva flores a los cementerios. En este marco, el poeta medita sobre su propia vida y sobre la vida y la muerte en general. El estado de ánimo del poeta ("lleno de asco ante la *estéril injusticia* del mundo y la total desilusión de ser hombre", página 29) le hace envidiar la paz gloriosa de los muertos.

9-10 Imágenes de los sufrimientos y tribulaciones de la vida.

11-25 La esencia del ser se manifiesta sólo tras la muerte; la vida es un continuo proceso de ir muriéndose que supone cambios sucesivos en el devenir humano. Las imágenes derivan de un curioso cruce entre el concepto del río heraclitano y el mito de Caronte.

Yo me muero, me muero a cada instante, 15
perdido de mí mismo,
ausente de mí mismo,
lejano de mí mismo,
cada vez más perdido, más lejano, más ausente.
¡Qué horrible viaje, qué pesadilla sin retorno! 20
A cada instante mi vida cruza un río,
un nuevo, inmenso río que se vierte
en la desnuda eternidad.
Yo mismo de mí mismo soy barquero,
y a cada instante mi barquero es otro. 25

¡No, no le conozco, no sé quién es aquel niño!
Ni sé siquiera si es un niño o una tenue llama de alcohol
sobre la que el sol y el viento baten.
Y le veo lejano, tan lejano, perdido por el bosque,
furtivamente perseguido por los chacales más carniceros 30
y por la loba de ojos saltones y pies sigilosos que lo ha de devorar por fin,
entretenido con las lagartijas, con las mariposas,
tan lejano,
que siento por él una ternura paternal,
que salta por él mi corazón, de pronto, 35
como ahora cuando alguno de mis sobrinitos se inclina sobre el estanque en mi jardín,
porque sé que en el fondo, entre los peces de colores,
está la muerte.
(¿Me llaman? Alguien con una voz dulcísima me llama. ¿No ha pronunciado alguien mi nombre?

26 Empieza la meditación sobre la vida del poeta, dividida en tres partes: la niñez (vv. 26-41), la juventud (vv. 42-49) y la madurez (vv. 50-63).

29-32 Posible recuerdo de cuentos infantiles con el valor simbólico de los peligros espirituales y de la despreocupación vital del niño.

No es a ti, no es a ti. Es a aquel niño. 40
¡Dulce llamada que sonó, y ha muerto!)

Ni sé quién es aquel cruel, aquel monstruoso muchacho,
tendido de través en el umbral de las tabernas,
frenético en las madrugadas por las callejas de las prostitutas,
melancólico como una hiena triste, 45
pedante argumentista contra ti, mi gran Dios verdadero,
contra ti, que estabas haciendo subir en él la vida
con esa dulce, enardecida ceguedad
con que haces subir en la primavera la savia en los más tiernos arbolitos.

¡Oh, quitadme, alejadme esa pesadilla grotesca, esa broma soturna! 50
Sí, alejadme ese tristísimo pedagogo, más o menos ilustre,
ese ridículo y enlevitado señor,
subido sobre una tarima en la mañana de primavera,
con los dedos manchados de la más bella tiza,
ese monstruo, ese jayán pardo, 55
vesánico estrujador de cerebros juveniles,
dedicado a atornillar purulentos fonemas
en las augustas frentes imperforables,
de adolescentes poetas, posados ante él, como estorninos en los alambres del telégrafo,
y en las mejillas en flor 60
de dulces muchachitas con fragancia de narciso,
como nubes rosadas
que leyeran a Pérez y Pérez.

50-63 La contemplación de la madurez se centra en la profesión del poeta como catedrático de Filología. Frente al autoimproperio grotesco (vv. 55-56), tan típico en Dámaso Alonso, y la sequedad de la asignatura, encontramos bellas imágenes de juventud, poesía y amor.
vesánico: demente, loco; *purulento*: lleno de pus; *Pérez y*

Sí, son fantasmas. Fantasmas: polvo y aire.
No conozco a ese niño, ni a ese joven chacal, ni a ese triste pedagogo amarillento. 65
No los conozco. No sé quiénes son.

Y, ahora,
a los 45 años,
cuando este cuerpo ya me empieza a pesar
como un saco de hierba seca, 70
he aquí que de pronto
me he levantado del montón de las putrefacciones,
porque la mano de mi Dios me tocó,
porque me ha dicho que cantara:
por eso canto. 75

Pero, mañana, tal vez hoy, esta noche
(¿cuándo, cuándo, Dios mío?)
he de volver a ser como era antes,
hoja seca, lata vacía, estéril excremento,
materia inerte, piedra rodada del atajo. 80
Y ya no veo a lo lejos de qué avenidas yertas,
por qué puentes perdidos entre la niebla rojiza,
camina un pobre viejo, un triste saco de hierba que ya empieza a pudrirse,
sosteniendo sobre sus hombros agobiados
la luz pálida de los más turbios atardeceres, 85
la luz ceniza de sus recuerdos como harapos en fermentación,
vacilante, azotado por la ventisca,
con el alma transida, triste, alborotada y húmeda como una bufanda gris que se lleva el viento.

Cuando pienso estas cosas,
cuando contemplo mi triste miseria de larva que aún vive, 90

Pérez: Rafael Pérez y Pérez (1891 —), popularísimo autor de novelas "rosa".

81-88 Intento de entrever el futuro: su vejez y el peso de los recuerdos acumulados.

me vuelvo a vosotros, criaturas perfectas, seres
ungidos
por ese aceite suave,
de olor empalagosamente dulce, que es la muerte.
Ahora, en la tarde de este sedoso día
en que noviembre incendia mi jardín, 95
entre la calma, entre la seda lenta
de la amarilla luz filtrada,
luz cedida
por huidizo sol,
que el follaje amarillo 100
sublima hasta las glorias
del amarillo elemental primero
(cuando aún era un perfume la tristeza),
y en que el aire
es una piscina de amarilla tersura, 105
turbada sólo por la caída de alguna rara hoja
que en lentas espirales amarillas
augustamente
busca también el tibio seno
de la tierra, donde se ha de pudrir, 110

ahora, medito a solas con la amarilla luz,
y, ausente, miro tanto y tanto huerto
donde piadosamente os han sembrado
con esperanza de cosecha inmortal.
Hoy la enlutada fila, la fila interminable 115
de parientes, de amigos,
os lleva flores, os enciende candelicas.

102 Nótese la persistente reiteración del adjetivo *amarillo* en esta parte del poema. Para el poeta, el amarillo es el color *elemental primero,* anterior a la creación, que simboliza la tristeza. Reforzado con el paisaje otoñal, representa aquí la tristeza de la transición del ser al no-ser.

109-114 La caída de la hoja a la tierra evoca la evidente comparación (*también*) con el destino humano y la visión mental de los cementerios, sembrados de muertos.

Ah, por fin recuerdan que un día súbitamente el viento
golpeó enfurecido las ventanas de su casa,
que a veces, a altas horas en el camino 120
brillan entre los árboles ojos fosforescentes,
que nacen en sórdidas alcobas
niños ciclanes, de cinco brazos y con pezuñas de camella,
que hay un ocre terror en la medula de sus almas,
que al lado de sus vidas hay abiertos unos inmensos 125
pozos, unos alucinantes vacíos,
y aquí vienen hoy a evocaros, a aplacaros.

¡Ah, por fin, por fin se han acordado de vosotros!
Ellos querrían haceros hoy vivir, haceros revivir en el recuerdo,
haceros participar de su charla, gozar de su merienda y compartir su bota.
(Ah, sí, y a veces cuelgan 130
del monumento de una "fealdad casi lúbrica",
la amarillenta foto de un señor,
bigote lacio, pantalones desplanchados, gran cadena colgante sobre el hinchado abdomen).
Ellos querrían ayudaros, salvaros,
convertir en vida, en cambio, en flujo, vuestra helada mudez. 135
Ah, pero vosotros no podéis vivir, vosotros no vivís: vosotros sois.
Igual que Dios, que no vive, que es: igual que Dios.
Sólo allí donde hay muerte puede existir la vida,
oh muertos inmortales.

118-125 Una serie de imágenes de terror, de procedencia romántica, asociadas con el momento de la muerte, presenciado o presentido por los parientes, amigos, etc.
ciclanes: de un solo testículo; *medula*: el ritmo poético requiere acentuación sobre la 'u' que, en realidad, es más correcta y muy usada en los siglos XVI y XVII.

131 El entrecomillado, según el poeta, es una expresión de Juan Ramón Jiménez.

Oh, nunca os pensaré, hermanos, padre, amigos, con 140
nuestra carne humana, en nuestra diaria servidumbre,
en hábito o en afición semejantes
a las de vuestros tristes días de crisálidas.
No, no. Yo os pienso luces bellas, luceros,
fijas constelaciones
de un cielo inmenso donde cada minuto, 145
innumerables lucernas se iluminan.

Oh bellas luces,
proyectad vuestra serena irradiación
sobre los tristes que vivimos.
Oh gloriosa luz, oh ilustre permanencia. 150
Oh inviolables mares sin tornado,
sin marea, sin dulce evaporación,
dentro de otro universal océano de la calma.
Oh virginales notas únicas, indefinidamente prolongadas, sin variación, sin aire, sin eco.
Oh ideas purísimas dentro de la mente invariable 155
de Dios.

Ah, nosotros somos un horror de salas interiores
en cavernas sin fin,
una agonía de enterrados que se despiertan a la
media noche,
un fluir subterráneo, una pesadilla de agua negra
por entre minas de carbón,
de triste agua, surcada por las más tórpidas lampreas,

140 Recuerdo directo de dos hermanos y el padre del poeta, muertos anteriormente.

156-165 Una serie de metáforas de origen onírico. No obstante, la mayoría de ellas tienen una base real: la angustia de encontrarse perdido en cavernas oscuras o enterrado vivo; la angustia de los mineros aislados por infiltraciones del agua, o la de los habitantes urbanos, amenazados por bombardeos aéreos. En conjunto, las imágenes crean una fuerte sensación de angustia y de terror a los que está sometida la vida humana.

nosotros somos un vaho de muerte, 160
un lúgubre concierto de lejanísimos cárabos, de agoreras zumayas, de los más secretos autillos.
Nosotros somos como horrendas ciudades que hubieran siempre vivido en *black-out,*
siempre desgarradas por los aullidos súbitos de las sirenas fatídicas.
Nosotros somos una masa fungácea y tentacular, que avanza en la tiniebla a horrendos tentones,
monstruosas, tristes, enlutadas amebas. 165

¡Oh norma, oh cielo, oh rigor,
oh esplendor fijo!
¡Cante, pues, la jubilosa llama, canten el pífano y la tuba
vuestras epifanías cándidas,
presencias que alentáis mi esfuerzo amargo! 170
¡Canten, sí, canten,
vuestra gloria de ser!
Quede a nosotros
turbio vivir, terror nocturno,
angustia de las horas.

¡Canten, canten la trompa y el timbal! 175
Vosotros sois los despiertos, los diáfanos,
los fijos.
Nosotros somos un turbión de arena,
nosotros somos médanos en la playa,
que hacen rodar los vientos y las olas, 180
nosotros, sí, los que estamos cansados,
nosotros, sí, los que tenemos sueño.

cárabos, zumayas, autillos: pájaros relacionados con la lechuza, ave de mal agüero; *black-out*: anglicismo, equivalente al apagón del alumbrado para proteger una ciudad del bombardeo aéreo.

168 y 175 *pífano, tuba, trompa, timbal*: instrumentos musicales, mencionados frecuentemente en el Antiguo Testamento en las celebraciones de fiestas jubilosas.

178 *turbión*: tormenta violenta y con viento.

179 *médanos*: dunas.

VOZ DEL ÁRBOL *

¿Qué me quiere tu mano?
¿Qué deseas de mí, dime, árbol mío?
... Te impulsaba la brisa: pero el gesto
era tuyo, era tuyo.

Como el niño, cuajado de ternura 5
que le brota en la entraña y que no sabe
expresar, lentamente, tristemente
me pasaste la mano por el rostro,
me acarició tu rama.
¡Qué suavidad había 10
en el roce! ¡cuán tersa
debe de ser tu voz! ¿Qué me preguntas?
Di, ¿qué me quieres, árbol, árbol mío?

La terca piedra estéril,
concentrada en su luto 15
—frenética mudez o grito inmóvil—,
expresa duramente,
llega a decir su duelo
a fuerza de silencio atesorado.

* Poema anterior a 1936; pertenece al grupo de poemas que constituyen la indagación del ser y una busca angustiosa de la esencia de la realidad (ver, pp. 43 y ss.). El poema parte de una situación concreta: una rama del árbol que ha rozado la cara del poeta.

El hombre 20
—oh agorero croar, oh aullido inútil—
es voz en viento: sólo voz en aire.
Nunca el viento y la mar oirán sus quejas.
Ay, nunca el cielo entenderá su grito;
nunca, nunca, los hombres. 25

Entre el hombre y la roca,
¡con qué melancolía
sabes comunicarme tu tristeza,
árbol, tú, triste y bueno, tú el más hondo,
el más oscuro de los seres! ¡Torpe 30
condensación soturna
de tenebrosos jugos minerales,
materia en suave hervor lento, cerrada
en voluntad de ser, donde lo inerte
con ardua afinidad de fuerzas sube 35
a total frenesí! ¡Tú, genio, furia,
expresión de la tierra dolorida,
que te eriges, agudo, contra el cielo,
como un ay, como llama,
como un clamor! Al fin monstruo con brazos, 40
garras y cabellera:
¡oh suave, triste, dulce monstruo verde,
tan verdemente pensativo,
con hondura de tiempo,
con silencio de Dios! 45

No sé qué altas señales
lejanas, de un amor triste y difuso,
de un gran amor de nieblas y luceros,

31 En la reciente publicación individual de este poema por Ediciones de Arte y Bibliofilia, el verso cambia a: *condensación y lóbrega*. El poeta prefiere, sin embargo, el texto original.

38-40 El árbol, siendo *voluntad de ser* (v. 34), simboliza también la interrogación angustiosa de cualquier criatura, erigiéndose y clamando hacia el cielo.

42 Para la significación del concepto *monstruo,* véanse pp. 43 y siguientes.

traer querría tu ramita verde
que, con el viento, ahora 50
me está rozando el rostro.
Yo ignoro su mensaje
profundo. La he cogido, la he besado.
(Un largo beso).
¡Mas no sé qué quieres
decirme! 55

PREPARATIVOS DE VIAJE *

Unos
se van quedando estupefactos,
mirando sin avidez, estúpidamente, más allá, cada
vez más allá,
hacia la otra ladera.

Otros 5
voltean la cabeza a un lado y otro lado,
sí, la pobre cabeza, aún no vencida,
casi
con gesto de dominio,
como si no quisieran perder la última página de un 10
libro de aventuras,
casi con gesto de desprecio,
cual si quisieran
volver con despectiva indiferencia las espaldas
a una cosa apenas si entrevista,
mas que no va con ellos. 15

* En este poema se describen diferentes actitudes de los moribundos: estupefacción (vv. 1-4); nerviosismo (vv. 5-15); angustia (vv. 16-19); maldición de Dios (vv. 20-26); presentimiento (vv. 31-35); súplica de socorro (vv. 27-30), y tranquilidad (v. 38-45). El tema principal, sin embargo, es una interrogación sobre el enigma de la ultratumba, entrevista tal vez en el instante del tránsito.

Hay algunos
que agitan con angustia los brazos por fuera del embozo,
cual si en torno a sus sienes espantaran tozudos moscardones azules,
o cual si bracearan en un agua densa, poblada de invisibles medusas.

Otros maldicen a Dios, 20
escupen al Dios que les hizo,
y las cuerdas heridas de sus chillidos acres
atraviesan como una pesadilla las salas insomnes del hospital,
hacen oscilar como un viento sutil
las alas de las tocas 25
y cortan el torpe vaho del cloroformo.

Algunos llaman con débil voz
a sus madres,
las pobres madres, las dulces madres
entre cuyas costillas hace ya muchos años que se pudren las tablas del ataúd. 30

Y es muy frecuente
que el moribundo hable de viajes largos,
de viajes por transparentes mares azules, por archipiélagos remotos,
y que se quiera arrojar del lecho
porque va a partir el tren, porque ya zarpa el barco. 35
(Y entonces se les hiela el alma
a aquellos que rodean al enfermo. Porque comprenden).

25 Referencia al tocado monjil de las enfermeras; tal vez recuerdo de la estancia del poeta en el Hospital Militar de Carabanchel (1921), servido por las hermanas de la Caridad.

Y hay algunos, felices,
que pasan de un sueño rosado, de un sueño dulce, tibio y dulce,
al sueño largo y frío. 40

Ay, era ese engañoso sueño,
cuando la madre, el hijo, la hermana
han salido con enorme emoción, sonriendo, temblando, llorando,
han salido de puntillas,
para decir: "¡Duerme tranquilo, parece que duerme muy bien!" 45
Pero, no: no era eso.

... Oh, sí; las madres lo saben muy bien: cada niño se duerme de una manera distinta...

Pero todos, todos se quedan
con los ojos abiertos.
Ojos abiertos, desmesurados en el espanto último, 50
ojos en guiño, como una soturna broma, como una mueca ante un panorama grotesco,
ojos casi cerrados, que miran por fisura, por un trocito de arco, por el segmento inferior de las pupilas.

No hay mirada más triste.
Sí, no hay mirada más profunda ni más triste.

Ah, muertos, muertos, ¿qué habéis visto 55
en la esquinada cruel, en el terrible momento del tránsito?
Ah, ¿qué habéis visto en ese instante del encontronazo con el camión gris de la muerte?
No sé si cielos lejanísimos de desvaídas estrellas, de lentos cometas solitarios hacia la torpe nebulosa inicial,
no sé si un infinito de nieves, donde hay un rastro de sangre, una huella de sangre inacabable,

ni si el frenético color de una inmensa orquesta 60
convulsa cuando se descuajan los orbes,
ni si acaso la gran violeta que esparció por el mundo
la tristeza como un largo perfume de enero,
ay, no sé si habéis visto los ojos profundos, la faz
impenetrable.

Ah, Dios mío, Dios mío, ¿qué han visto un instante
esos ojos que se quedaron abiertos?

62 El rostro de Dios.

COSA *

Rompes... el ondear del aire.
J. R. JIMÉNEZ **

¡Ay, terca niña!
Le dices que no al viento,
a la niebla y al agua:

* Poema anterior a 1936; pertenece a la serie de poemas cuyo tema es la indagación del ser:

Es, después de "Los insectos", el poema más antiguo de *Hijos de la ira,* con el que se inaugura la serie de los que en el libro señalan la angustiosa busca de la esencia de la realidad. El poeta, movido por el amor, quiere conocer la realidad del mundo y pregunta por su ser esencial a una "cosa" que tiene en la mano (cualquier cosa, una piedra, un pedazo de madera, un pájaro, etc.). Toda "cosa" se niega a nuestra comprensión. El poeta considera sucesivamente una serie de cualidades físicas del ser material: ocupar un espacio, tener color, profundas entrañas, límite exterior. Los nombres que ponemos no nos dan la comprensión de los seres; nuestra meditación (el "interior sentido"), tampoco: siempre se nos deshace el ser en unas cuantas cualidades; su esencia se nos escapa. La realidad opone una como dura y enemiga negativa a nuestra ansia de conocimiento. (*Poemas escogidos,* pp. 195-196).

** Del poema "Criatura afortunada" (*La estación total*):

¡Rompes feliz el ondear del aire,
bogas contrario el ondular del agua!

1 El poeta llama a la cosa *terca niña,* porque se niega al intento de posesión.

rajas el viento,
partes la niebla, 5
hiendes el agua.

Te niegas a la luz profundamente:
la rechazas,
ya teñida de ti: verde, amarilla,
—vencida ya— gris, roja, plata. 10

Y celas de la noche,
la ardua
noche de horror de tus entrañas sordas.

Cuando la mano intenta poseerte,
siente la piel tus límites: 15
la muralla, la cava
de tu enemiga fe, siempre en alerta.
Nombre te puse, te marcó mi hierro:
"cáliz", "brida", "clavel", "cenefa", "pluma"...
(Era tu sombra lo que aprisionaba). 20

Al interior sentido
convoqué contra ti.
Y, oh burladora,
te deshiciste en forma y en color,
en peso o en fragancia.
¡Nunca tú: tú, caudal, tú, inaprensible! 25

¡Ay, niña terca,
ay, voluntad del ser, presencia hostil,
límite frío a nuestro amor!
¡Ay, turbia

2-8 Ejemplo interesante de una correlación reiterativa de tres conjuntos a los que se añade un cuarto conjunto: rechazas la luz.
18 Metáfora del hierro candente con que se marca el ganado.
25 *caudal*: adjetivo que se aplica a un águila que se escapa volando muy alto.

bestezuela de sombra,
que palpitas ahora entre mis dedos, 30
que repites ahora entre mis dedos
tu dura negativa de alimaña!

29 y 32 *bestezuela, alimaña*: palabras asociadas con el concepto de lo monstruoso.

EL ÚLTIMO CAÍN *

Ya asesinaste a tu postrer hermano:
ya estás solo.

¡Espacios: plaza, plaza al hombre!
Bajo la comba de plomo de la noche, oprimido
por la unánime acusación de los astros que mudamente gimen, 5
¿adónde dirigirás tu planta?

Estos desiertos campos
están poblados de fantasmas duros, cuerpo en el aire, negro en el aire negro,
basalto de las sombras,
sobre otras sombras apiladas. 10
Y tú aprietas el pecho jadeante
contra un muro de muertos, en pie sobre sus tumbas,

* Este poema no figura en la primera edición del libro. Inspirado en la figura del fratricida bíblico y en el horror de las guerras vividas, el poeta crea la imagen visionaria de un Caín definitivo que logra asesinar a su postrer hermano, quedándose solo en el mundo. La intensidad emocional del poema se logra alternando escenas contrastadas de crueldad y ternura, odio y amor, muerte y vida, maldición del hombre y la pujante fuerza de la naturaleza, velada por Dios.

como si aun empujaras el carro de tu odio
a través de un mercado sin fin,
para vender la sangre del hermano, 15
en aquella mañana de sol, que contra tu amarilla
palidez se obstinaba,
que pujaba contra ti, leal al amor, leal a la vida,
como la savia enorme de la primavera es leal a la
enconada púa del cardo, que la ignora,
como el anhelo de la marea de agosto es leal al más
cruel niño que enfurece en su juego la playa.

Ah, sí, hendías, palpabas, ¡júbilo, júbilo!: 20
era la sangre, eran los tallos duros de la sangre.
Como el avaro besa, palpa el acervo de sus rojas
monedas,
hundías las manos en esa tibieza densísima (hecha
de nuestro sueño, de nuestro amor que incesan-
te susurra)
para impregnar tu vida sin amor y sin sueño;
y tus belfos mojabas en el charco humeante 25
cual si sorber quisieras el misterio caliente del
mundo.

Pero, ahora, mira, son sombras lo que empujas,
¿no has visto que son sombras?

¿O vas quizá doblado como por un camino de sirga,
tirando de una torpe barcaza de granito,
que se enreda una vez y otra vez en todos los tron-
cos ribereños,
retama que se curva al huracán, 30
estéril arco donde
no han de silbar ni el grito ni la flecha,

13-15 La visión de Caín que vende la sangre de su hermano introduce a continuación un concepto más amplio: el asesinato como la necesidad imprescindible para la propia supervivencia de Caín, material (vv. 22-23) y vital (vv. 24-26).

28 *sirga*: maroma, cuerda gruesa que sirve para tirar de una barca desde la orilla.

buey en furia que encorva la espalda al rempujón
y ahinca
en las peñas el pie,
con músculos crujientes, 35
imagen de crispada anatomía?

Sombras son, hielo y sombras que te atan:
cercado estás de sombras gélidas.
También los espacios odian, también los espacios
son duros,
también Dios odia. 40
¡Espacios, plaza, por piedad al hombre!
Ahí tienes la delicia de los ríos, tibias aún de paso
están las sendas.
Los senderos, esa tierna costumbre donde aun late
el amor de los días
(la cita, secreta como el recóndito corazón de una
fruta,
el lento mastín blanco de la fidelísima amistad, 45
el tráfago de signos con que expresamos la absorta
desazón de nuestra íntima ternura),
sí, las sendas amantes que no olvidan,
guardan aún la huella delicada, la tierna forma del
pie humano,
ya sin final, sin destino en la tierra,
ya sólo tiempo en extensión, sin ansia, 50
tiempo de Dios, quehacer de Dios,
no de los hombres.

¿Adónde huirás, Caín, postrer Caín?
Huyes contra las sombras, huyendo de las sombras,
huyes 55
cual quisieras huir de tu recuerdo,
pero, ¿cómo asesinar al recuerdo
si es la bestia que ulula a un tiempo mismo

33 *rempujón*: empujón (forma popular).
40 Verso poco ortodoxo, pero basado en textos bíblicos (Deuteronomio, 16, 22; Prov., 6, 16).

desde toda la redondez del horizonte,
si aquella nebulosa, si aquel astro ya oscuro, 60
aun recordando están,
si el máximo universo, de un alto amor en vela
también recuerdo es sólo,
si Dios es sólo eterna presencia del recuerdo?

Ves, la luna recuerda 65
ahora que extiende como el ala tórpida
de un murciélago blanco
su álgida mano de lechosa lluvia.
Esparcidos lingotes de descarnada plata,
los huesos de tus víctimas 70
son la sola cosecha de este campo tristísimo.

Se erguían, sí, se alzaban, pujando como torres,
como oraciones hacia Dios,
cercados por la niebla rosada y temblorosa de la
carne,
acariciados por el terco fluído maternal que sin ru-
mor los lamía en un sueño:
muchachas, como navíos tímidos en la boca del 75
puerto sesgando, hacia el amor sesgando;
atletas como bellos meteoros, que encrespaban el
aire, exactísimos muelles hacia la gloria vertical
de las pértigas,
o flores que se inclinan, o sedas que se pliegan sin
crujido en el descenso elástico;
y niños, duros niños, trepantes, aferrados por las
rocas, afincando la vida, incrustrados en vida,
como pepitas áureas.

65-71 La imagen nos recuerda la profesión del Caín bíblico: un labrador de tierra.

72-78 Una impresionante serie de imágenes que describen la fuerza pujante de la vida humana desde antes de nacer. Los niños *trepantes, aferrados por las rocas* (como plantas trepantes) muestran la tenacidad de la vida.

¡Ah, los hombres se alzaban, se erguían los bellos
báculos de Dios,
los florecidos báculos del viejísimo Dios! 80

Nunca más, nunca más,
nunca más.
Pero, tú, ¿por qué tiemblas?
Los huesos no se yerguen: calladamente acusan.

He ahí las ruinas. 85
He ahí la historia del hombre (sí, tu historia)
estampada como la maldición de Dios sobre la
piedra.
Son las ciudades donde llamearon
en la aurora sin sueño las alarmas,
cuando la multitud cual otra enloquecida llama 90
súbita,
rompía el caz de la avenida insuficiente,
rebotaba bramando contra los palacios desiertos
hocicando como un negruzco topo en agonía su lóbrego camino.
Pero en los patinejos destrozados,
bajo la rota piedad de las bóvedas, 95
sólo las fieras aullarán al terror del crepúsculo.

Algunas tiernas casas aun esperan
en el umbral las voces, la sonrisa creciente
del morador que vuelve fatigado
del bullicio del día, 100
los juegos infantiles
a la sombra materna de la acacia,
los besos del amante enfurecido
en la profunda alcoba.
Nunca más, nunca más. 105

80 Referencia al báculo bíblico que, hincado en la tierra, echaba retoños.
88-93 Ejemplos de la historia se hacen aquí concretamente modernos: bombardeos de las ciudades, revoluciones, etc.
94 *patinejos*: patios pequeños.

Y tú pasas y vuelves la cabeza.
Tú vuelves la cabeza como si la volvieses
contra el ala de Dios.
Y huyes buscando
del jabalí la trocha inextricable, 110
el surco de la hiena asombradiza;
huyes por las barrancas, por las húmedas
cavernas que en sus últimos salones
torpes lagos asordan, donde el monstruo sin ojos
divina voluntad se sueña, mientras blando se amolda a la hendidura 115
y el fofo palpitar de sus membranas
le mide el tiempo negro.
Y a ti, Caín, el sordo horror te apalpa,
y huyes de nuevo, huyes.

Huyes cruzando súbitas tormentas de primavera, 120
entre ese vaho que enciende con un torpor de fuego la sombría conciencia de la alimaña,
entre ese zumo creciente de las tiernísimas células vegetales,
esa húmeda avidez que en tanto brote estalla, en tanta delicada superficie se adulza,
mas siempre brama "amor" cual un suspiro oscuro.
Huyes maldiciendo las abrazantes lianas que te traban como mujeres enardecidas, 125
odiando la felicidad candorosa de la pareja de chimpancés que acuna su cría bajo el inmenso cielo del baobab,
el nupcial vuelo doble de las moscas, torpísimas gabarras en delicia por el aire inflamado de junio.
Huyes odiando las fieras y los pájaros, las hierbas y los árboles,

114-117 Se refiere a la forma más baja y ciega de la vida animal.
120-128 Imágenes de la vida persistente de la naturaleza, aunque con ausencia del hombre, exterminado por el último Caín.
126 *baobab*: enorme árbol bombacáceo del Africa tropical.
127 *gabarras*: ligeras embarcaciones, usadas para la carga y descarga en los puertos; aquí, metáfora de las moscas.

y hasta las mismas rocas calcinadas,
odiándote lo mismo que a Dios, 130
odiando a Dios.

Pero la vida es más fuerte que tú,
pero el amor es más fuerte que tú,
pero Dios es más fuerte que tú.
Y arriba, en astros sacudidos por huracanes de fuego, 135
en extinguidos astros que, aun calientes, palpitan
o que, fríos, solejan a otras lumbreras jóvenes,
bullendo está la eterna pasión trémula.
Y, más arriba, Dios.

Húndete, pues, con tu torva historia de crímenes, 140
precipítate contra los vengadores fantasmas,
desvanécete, fantasma entre fantasmas,
gélida sombra entre las sombras,
tú, maldición de Dios,
postrer Caín, 145
el hombre.

137 *solejan*: toman el sol (palabra antigua); aquí, se calientan a la luz de otros astros.

146 Nótese que este verso amplía el concepto de Caín de una figura bíblica al hombre en general.

Dámaso Alonso hacia 1944.

La Generación de 1927 en el Ateneo de Sevilla (diciembre de 1927). De izquierda a derecha, Rafael Alberti, Federico García Lorca, Juan Chabás, Mauricio Bacarisse, José María Platero, Blasco Garzón —presidente del Ateneo—, Jorge Guillén, José Bergamín, Dámaso Alonso y Gerardo Diego.

YO *

Mi portento inmediato,
mi frenética pasión de cada día,
mi flor, mi ángel de cada instante,
aun como el pan caliente con olor de tu hornada,
aun sumergido en las aguas de Dios, 5
y en los aires azules del día original del mundo:
dime, dulce amor mío,
dime, presencia incógnita,
45 años de misteriosa compañía,
¿aún no son suficientes 10
para entregarte, para desvelarte
a tu amigo, a tu hermano,
a tu triste doble?

¡No, no! Dime, alacrán, necrófago,
cadáver que se me está pudriendo encima 15

* Este poema forma parte de la serie en la que el poeta intenta acercarse al misterio del ser, en este caso, de su propio ser, tan incomprensible como los demás (ver p. 46). Interesa subrayar el reconocimiento de la dualidad humana, tal vez la conciencia del bien y del mal y, al mismo tiempo, el contraste entre la espiritualidad (*mi ángel*) y la miseria corporal (*cadáver*).

14 En la primera edición (*Revista de Occidente*) son dos versos:
¡No, no! Dime, alacrán,
horrible necrófago de mi existencia,

15-16 Se repite la idea expresada en "Insomnio" (v. 2) y en "En el día de los difuntos" (vv. 68-70).

desde hace 45 años,
hiena crepuscular,
fétida hidra de 800.000 cabezas,
¿por qué siempre me muestras sólo una cara?
Siempre a cada segundo una cara distinta, 20
unos ojos crueles,
los ojos de un desconocido,
que me miran sin comprender
(con ese odio del desconocido)
y pasan: 25
a cada segundo.
Son tus cabezas hediondas, tus cabezas crueles,
oh hidra violácea.

Hace 45 años que te odio,
que te escupo, que te maldigo, 30
pero no sé a quién maldigo,
a quién odio, a quién escupo.

Dulce,
dulce amor mío incógnito,
45 años hace ya 35
que te amo.

18-19 En la primera edición (*Revista de Occidente*) se inserta otro verso entre los dos:

de millones y millones de cabezas,

MUJER CON ALCUZA *

A Leopoldo Panero **

* Uno de los mejores poemas del siglo en la poesía española. Su génesis nos la explica el poeta:

> Este poema, quizá el más divulgado de *Hijos de la ira,* se llamó en su versión original "La superviviente". No sé si la historia de su origen real mejorará o estropeará la comprensión: en mi casa entró a servir Carmen, una criada muy vieja (honradísima, inocentísima), que permaneció con nosotros poco tiempo, porque un día se nos despidió: ella sentía mucho dejarnos, pero no tenía otro remedio, porque le había escrito "su señora", que la necesitaba.
>
> En nuestras conversaciones con ella habíamos visto su total desamparo: no tenía familia alguna, todos sus parientes se habían ido muriendo, se le habían muerto también sus amistades. Estaba sola. No tenía más que aquella "señora", "su señora", a la que había servido durante muchos años. Carmen le había hecho servicios de gran confianza (había salvado todas las joyas de "su señora", que tuvo consigo ocultas durante toda nuestra guerra civil).
>
> Carmen desapareció de nuestra vida hasta que un día nos enteramos de que había muerto en un asilo de ancianos, en Murcia. La señora, "su señora", la había despedido por una pequeñísima falta (que no la había oído una noche cuando la llamó a altas horas para que la atendiera).
>
> En mi poema, claro, el largo viaje en un tren que se va vaciando es el símbolo de la vida de esta mujer, y, en cierto modo, de todo hombre, porque, para todos, la vejez es un vaciarse de compañía, de ilusión y de sentido del vivir.
>
> La ocasión, la anécdota que dio el primer impulso hacia el poema se olvida pronto. El símbolo se hace más vago y se amplía: esa mujer puede representar lo mismo a un

¿Adónde va esa mujer,
arrastrándose por la acera,
ahora que ya es casi de noche,
con la alcuza en la mano?

Acercaos: no nos ve. 5
Yo no sé qué es más gris,
si el acero frío de sus ojos,
si el gris desvaído de ese chal
con el que se envuelve el cuello y la cabeza,
o si el paisaje desolado de su alma. 10

Va despacio, arrastrando los pies,
desgastando suela, desgastando losa,
pero llevada
por un terror
oscuro, 15
por una voluntad
de esquivar algo horrible.

Sí, estamos equivocados.
Esta mujer no avanza por la acera
de esta ciudad, 20
esta mujer va por un campo yerto,

---

ser humano que a toda la Humanidad; en un sentido distinto podría aplicarse muy bien a España (y así lo han hecho algunos críticos). (*Poemas escogidos,* pp. 196-197).

** Leopoldo Panero (1909-1959), poeta y *amigo fraternal* de Dámaso Alonso.

1-17 Plano real: la caminante urbana.

4 *alcuza*: vasija, generalmente de hojalata y de forma cónica, en que se tiene el aceite para el uso diario; para la simbología, véase pp. 50-51.

13-17 Estos versos nos separan ya del simple cuadro anecdótico de la mujer, introduciendo la alegoría de *la vida como camino,* en que el terror *oscuro* expresa el miedo a la muerte.

19-29 El cambio del escenario a *un campo yerto* nos lleva al plano simbólico del poema: el paso irreal por el cementerio, que no es sino el gran espacio yerto del tiempo en el que quedan enterradas todas las vivencias de la mujer.

entre zanjas abiertas, zanjas antiguas, zanjas recientes,
y tristes caballones,
de humana dimensión, de tierra removida,
de tierra 25
que ya no cabe en el hoyo de donde se sacó,
entre abismales pozos sombríos,
y turbias simas súbitas,
llenas de barro y agua fangosa y sudarios harapientos del color de la desesperanza.

Oh sí, la conozco. 30
Esta mujer yo la conozco: ha venido en un tren,
en un tren muy largo;
ha viajado durante muchos días
y durante muchas noches:
unas veces nevaba y hacía mucho frío, 35
otras veces lucía el sol y remejía el viento
arbustos juveniles
en los campos en donde incesantemente estallan extrañas flores encendidas.
Y ella ha viajado y ha viajado,
mareada por el ruido de la conversación, 40
por el traqueteo de las ruedas
y por el humo, por el olor a nicotina rancia.
¡Oh!:
noches y días,
días y noches, 45

31 Con este verso entramos en la parte principal del poema: una alegoría de la vida como viaje en un tren. No obstante, los elementos de la visión sepulcral seguirán apareciendo a lo largo del poema.

36 *remejía*: removía; es un vocablo regional zamorano (utilizado por Unamuno). En la edición de *Poemas escogidos,* el poeta lo sustituye por *sacudía,* pero en las ediciones posteriores vuelve a la palabra original.

44-49 El ritmo de este fragmento sugiere el traqueteo del tren que, en los dos últimos versos, disminuye la velocidad para detenerse.

noches y días,
días y noches,
y muchos, muchos días,
y muchas, muchas noches.

Pero el horrible tren ha ido parando 50
en tantas estaciones diferentes,
que ella no sabe con exactitud ni cómo se llamaban,
ni los sitios,
ni las épocas.

Ella 55
recuerda sólo
que en todas hacía frío,
que en todas estaba oscuro,
y que al partir, al arrancar el tren
ha comprendido siempre 60
cuán bestial es el topetazo de la injusticia absoluta,
ha sentido siempre
una tristeza que era como un ciempiés monstruoso
que le colgara de la mejilla,
como si con el arrancar del tren le arrancaran el
alma,
como si con el arrancar del tren le arrancaran in- 65
numerables margaritas, blancas cual su alegría
infantil en la fiesta del pueblo,
como si le arrancaran los días azules, el gozo de
amar a Dios y esa voluntad de minutos en suce-
sión que llamamos vivir.
Pero las lúgubres estaciones se alejaban,
y ella se asomaba frenética a las ventanillas,

51 Las estaciones del cuadro alegórico son sucesos o vivencias de la viajera a través del tiempo que, al terminar, se convierten en tumbas (v. 75).
61 La injusticia existencial del tiempo que corre incesantemente hacia su fin, la muerte.
63 Una poderosa imagen onírica de corte surrealista.
65 Desplazamiento calificativo en que el color blanco atribuido a la alegría procede del color de los vestidos infantiles, llevados en las fiestas.

gritando y retorciéndose,
sólo 70
para ver alejarse en la infinita llanura
eso, una solitaria estación,
un lugar
señalado en las tres dimensiones del gran espacio
cósmico
por una cruz 75
bajo las estrellas.

Y por fin se ha dormido,
sí, ha dormitado en la sombra,
arrullada por un fondo de lejanas conversaciones,
por gritos ahogados y empañadas risas, 80
como de gentes que hablaran a través de mantas
bien espesas,
sólo rasgadas de improviso
por lloros de niños que se despiertan mojados a la
media noche,
o por cortantes chillidos de mozas a las que en los
túneles les pellizcan las nalgas,
... aún mareada por el humo del tabaco. 85

Y ha viajado noches y días,
sí, muchos días,
y muchas noches.
Siempre parando en estaciones diferentes,
siempre con un ansia turbia, de bajar ella también, 90
de quedarse ella también,
ay,

77-85 El sueño de la viajera (igual que su mareo) es la progresiva pérdida de la sensibilidad en la vejez que sólo reacciona ante sucesos dramáticos, representados aquí por dos metáforas de gran realismo.

90 *Ansia turbia* o el deseo de morir, contrasta con el *terror oscuro* (vv. 14-15) que interpretamos como el miedo a la muerte. Los dos sentimientos son confusos (*oscuro, turbia*) y contradictorios.

para siempre partir de nuevo con el alma desgarrada,
para siempre dormitar de nuevo en trayectos inacabables.

... No ha sabido cómo.
Su sueño era cada vez más profundo, 95
iba cesando,
casi habían cesado por fin los ruidos a su alrededor:
sólo alguna vez una risa como un puñal que brilla un instante en las sombras,
algún chillido como un limón agrio que pone amarilla un momento la noche.
Y luego nada. 100
Sólo la velocidad,
sólo el traqueteo de maderas y hierro
del tren,
sólo el ruido del tren.

Y esta mujer se ha despertado en la noche, 105
y estaba sola,
y ha mirado a su alrededor,
y estaba sola,
y ha comenzado a correr por los pasillos del tren,
de un vagón a otro, 110
y estaba sola,
y ha buscado al revisor, a los mozos del tren,
a algún empleado,

98-99 Imágenes de significado idéntico a las de los versos 83-84. Impresionan las identificaciones sinestésicas de los efectos acústicos (risa - puñal; chillido - limón agrio) que contagian todo el ambiente con una sensación de amargura y tristeza (véase nota en la p. 82, v. 102).

105-130 Sin duda el fragmento de mayor intensidad en el poema. La reiteración del verso: *y estaba sola,* entre los versos progresivamente alargados, causa la aceleración de la lectura que produce una fuerte sensación de angustia y, a partir del verso 123, de un abatimiento resignado. El último verso constituye una rotunda afirmación de la no-existencia de Dios.

a algún mendigo que viajara oculto bajo un asiento,
y estaba sola, 115
y ha gritado en la oscuridad,
y estaba sola,
y ha preguntado en la oscuridad,
y estaba sola,
y ha preguntado 120
quién conducía,
quién movía aquel horrible tren.
Y no le ha contestado nadie,
porque estaba sola,
porque estaba sola. 125
Y ha seguido días y días,
loca, frenética,
en el enorme tren vacío,
donde no va nadie,
que no conduce nadie. 130

... Y esa es la terrible,
la estúpida fuerza sin pupilas,
que aún hace que esa mujer
avance y avance por la acera,
desgastando la suela de sus viejos zapatones, 135
desgastando las losas,
entre zanjas abiertas a un lado y otro,
entre caballones de tierra,
de dos metros de longitud,
con ese tamaño preciso 140
de nuestra ternura de cuerpos humanos.
Ah, por eso esa mujer avanza (en la mano, como el
atributo de una semidiosa, su alcuza),
abriendo con amor el aire, abriéndolo con delicadeza exquisita,

132 Fuerza ciega y monstruosa (*sin pupilas*) representa el destino del hombre (o el instinto de conservación).

133-147 Estos versos constituyen una especie de resumen temático en el que se integran los tres planos del poema (real, simbólico y alegórico).

como si caminara surcando un trigal en granazón,
sí, como si fuera surcando un mar de cruces, o un bosque de cruces, o una nebulosa de cruces, 145
de cercanas cruces,
de cruces lejanas.

Ella,
en este crepúsculo que cada vez se ensombrece más,
se inclina, 150
va curvada como un signo de interrogación,
con la espina dorsal arqueada
sobre el suelo.
¿Es que se asoma por el marco de su propio cuerpo de madera,
como si se asomara por la ventanilla 155
de un tren,
al ver alejarse la estación anónima
en que se debía haber quedado?
¿Es que le pesan, es que le cuelgan del cerebro
sus recuerdos de tierra en putrefacción, 160
y se le tensan tirantes cables invisibles
desde sus tumbas diseminadas?
¿O es que como esos almendros
que en el verano estuvieron cargados de demasiada fruta,
conserva aún en el invierno el tierno vicio, 165
guarda aún el dulce álabe
de la cargazón y de la compañía,
en sus tristes ramas desnudas, donde ya ni se posan los pájaros?

163-168 La conclusión del poema contiene la única expresión de una posible justificación de la existencia humana: su productividad creadora.

ELEGÍA A UN MOSCARDÓN AZUL *

Sí, yo te asesiné estúpidamente. Me molestaba tu zumbido mientras escribía un hermoso, un dulce soneto de amor. Y era un consonante en *-úcar,* para rimar con *azúcar,* lo que me faltaba. *Mais, qui dira les torts de la rime?* **

Luego sentí congoja
y me acerqué hasta ti: eras muy bello.
Grandes ojos oblicuos
te coronan la frente,
como un turbante de oriental monarca. 5
Ojos inmensos, bellos ojos pardos,

* Este poema es una meditación sobre la vida y la muerte. Según el poeta, hay en él una reminiscencia del poema "Snake" del poeta inglés D. H. Lawrence.

** El pequeño prefacio en prosa, de evidente tono burlesco, lo explica el autor (*Poemas escogidos,* p. 197) como una broma "contra la gran sonetada que había en poesía española desde 1939 (y en la que yo mismo había participado y seguía participando, claro)"; tanto más porque en español no hay palabra que rime con -úcar. La cita en francés ("Mas ¿quién dirá los tuertos de la rima?") es una adaptación del verso de Verlaine: "O qui dira les torts de la Rime?" del famoso poema "Art poétique". En su edición crítica de *Hijos de la ira,* Elías L. Rivers señala la coincidencia con el verso de Lope de Vega: "¡Oh consonante, qué facéis de tuertos!" (*Rimas* del licenciado Burguillos), probablemente conocido por Verlaine, y que también está en un soneto dedicado a un animal muerto (un mico).

por donde entró la lanza del deseo,
el bullir, los meneos de la hembra,
su gran proximidad abrasadora,
bajo la luz del mundo. 10
Tan grandes son tus ojos, que tu alma
era quizá como un enorme incendio,
cual una lumbrarada de colores,
como un fanal de faro. Así, en la siesta,
el alto miradero de cristales, 15
diáfano y desnudo, sobre el mar,
en mi casa de niño.

Cuando yo te maté,
mirabas hacia fuera,
a mi jardín. Este diciembre claro 20
me empuja los colores y la luz,
como bloques de mármol, brutalmente,
cual si el cristal del aire se me hundiera,
astillándome el alma sus aristas.

Eso que viste desde mi ventana, 25
eso es el mundo.
Siempre se agolpa igual: luces y formas,
árbol, arbusto, flor, colina, cielo
con nubes o sin nubes,
y, ya rojos, ya grises, los tejados 30
del hombre. Nada más: siempre es lo mismo.
Es una granazón, una abundancia,
es un tierno pujar de jugos hondos,
que levanta el amor y Dios ordena
en nódulos y en haces, 35
un dulce hervir no más.
Oh sí, me alegro
de que fuera lo último
que vieras tú, la imagen de color
que sordamente bullirá en tu nada.

15-17 Recuerdo infantil del poeta de su casa en Ribadeo (Galicia).

Este paisaje, esas 40
rosas, esas moreras ya desnudas,
ese tímido almendro que aún ofrece
sus tiernas hojas vivas al invierno,
ese verde cerrillo
que en lenta curva corta mi ventana, 45
y esa ciudad al fondo,
serán también una presencia oscura
en mi nada, en mi noche.
¡Oh pobre ser, igual, igual tú y yo!

En tu noble cabeza 50
que ahora un hilo blancuzco
apenas une al tronco,
tu enorme trompa
se ha quedado extendida.
¿Qué zumos o qué azúcares 55
voluptuosamente
aspirabas, qué aroma tentador
te estaba dando
esos tirones sordos
que hacen que el caminante siga y siga 60
(aun a pesar del frío del crepúsculo,
aun a pesar del sueño),
esos dulces clamores,
esa necesidad de ser futuros
que llamamos la vida, 65
en aquel mismo instante
en que súbitamente el mundo se te hundió
como un gran trasatlántico
que lleno de delicias y colores
choca contra los hielos y se esfuma 70
en la sombra, en la nada?

40-46 Descripción del jardín y los alrededores de la casa del poeta en Chamartín (en esos años, la zona estaba muy poco poblada y la ciudad de Madrid quedaba bastante lejos).
67-71 Elías L. Rivers sugiere un posible recuerdo del naufragio del gran transatlántico "Titanic".

¿Viste quizá por último
mis tres rosas postreras?
Un zarpazo
brutal, una terrible llama roja,
brasa que en un relámpago violeta 75
se condensaba. Y frío. ¡Frío!: un hielo
como al fin del otoño
cuando la nube del granizo
con brusco alón de sombra nos emplomiza el aire.
No viste ya. Y cesaron 80
los delicados vientos
de enhebrar los estigmas de tu elegante abdomen
(como una góndola,
como una guzla del azul más puro)
y el corazón elemental cesó 85
de latir. De costado
caíste. Dos, tres veces
un obstinado artejo
tembló en el aire, cual si condensara
en cifra los latidos 90
del mundo, su mensaje
final.
Y fuiste cosa: un muerto.
Sólo ya cosa, sólo ya materia
orgánica, que en un torrente oscuro 95
volverá al mundo mineral. ¡Oh Dios,
oh misterioso Dios,
para empezar de nuevo por enésima vez
tu enorme rueda!

Estabas en mi casa, 100
mirabas mi jardín, eras muy bello.
Yo te maté.

81 La respiración del moscardón que respira por los poros del vientre.

84 *guzla*: instrumento de música de una sola cuerda que utilizan los ilirios.

¡Oh si pudiera ahora
darte otra vez la vida,
yo que te di la muerte! 105

MONSTRUOS *

Todos los días rezo esta oración
al levantarme:

Oh Dios,
no me atormentes más.
Dime qué significan 5
estos espantos que me rodean.
Cercado estoy de monstruos
que mudamente me preguntan,
igual, igual que yo les interrogo a ellos.
Que tal vez te preguntan, 10
lo mismo que yo en vano perturbo
el silencio de tu invariable noche
con mi desgarradora interrogación.
Bajo la penumbra de las estrellas
y bajo la terrible tiniebla de la luz solar, 15
me acechan ojos enemigos,
formas grotescas me vigilan,

* Según el poeta: "Pertenece (lo mismo que "Cosa") al grupo de poemas de indagación de la realidad, en este caso indagación muy angustiada" (*Poemas escogidos,* p. 197). Para la significación del título y del poema, ver pp. 46-47.

7-13 La interrogación es recíproca entre los seres y hacia Dios.

15 La aparente contradicción intensifica la angustia de no poder penetrar la esencia de la realidad a pesar de poder contemplar su apariencia exterior a la luz del sol.

colores hirientes lazos me están tendiendo:
¡son monstruos,
estoy cercado de monstruos! 20

No me devoran.
Devoran mi reposo anhelado,
me hacen ser una angustia que se desarrolla a sí
misma,
me hacen hombre,
monstruo entre monstruos. 25

No, ninguno tan horrible
como este Dámaso frenético,
como este amarillo ciempiés que hacia ti clama con
todos sus tentáculos enloquecidos,
como esta bestia inmediata
transfundida en una angustia fluyente; 30
no, ninguno tan monstruoso
como esta alimaña que brama hacia ti,
como esta desgarrada incógnita
que ahora te increpa con gemidos articulados,
que ahora te dice: 35
"Oh Dios,
no me atormentes más,
dime qué significan
estos monstruos que me rodean
y este espanto íntimo que hacia ti gime en la noche." 40

LA MADRE *

No me digas
que estás llena de arrugas, que estás llena de sueño,
que se te han caído los dientes,
que ya no puedes con tus pobres remos hinchados,
deformados por el veneno del reuma.

No importa madre, no importa. 5
Tú eres siempre joven,
eres una niña,
tienes once años.
Oh, sí, tú eres para mí eso: una candorosa niña.

Y verás que es verdad si te sumerges en esas lentas 10
aguas, en esas aguas poderosas,

* Junto a la niñez, el tema de la mujer (y, sobre todo, la madre) mueve al poeta a la expresión de una amorosa ternura. La niñez, recuerdo de la inocencia, y la mujer (madre), símbolo del amor, se combinan en este poema que, basado en una hábil superposición temporal, radicada en la memoria, convierte a la madre y al hijo en hermanitos que juegan juntos, recreando un mundo añorado.

1-4 Como en tantos poemas de Dámaso Alonso, el principio deriva de una situación real: la visión de su madre, en edad avanzada, sufriendo de un reúma agudo.

6-24 La superposición temporal se realiza al sumergirse la madre y el hijo en la memoria de tiempos pasados (*aguas, mar*), igualándose en la edad.
En la primera edición (*Revista de Occidente*), el v. 13 repite el verbo: ... *espera, espera allí*...

que te han traído a esta ribera desolada.
Sumérgete, nada a contracorriente, cierra los ojos,
y cuando llegues, espera allí a tu hijo.
Porque yo también voy a sumergirme en mi niñez
  antigua,
pero las aguas que tengo que remontar hasta casi 15
  la fuente,
son mucho más poderosas, son aguas turbias, como
  teñidas de sangre.
Óyelas, desde tu sueño, cómo rugen,
cómo quieren llevarse al pobre nadador.
¡Pobre del nadador que somorguja y bucea en ese
  mal salobre de la memoria!

... Ya ves: ya hemos llegado. 20
¿No es una maravilla que los dos hayamos arribado
  a esta prodigiosa ribera de nuestra infancia?
Sí, así es como a veces fondean un mismo día en
  el puerto de Singapoor dos naves,
y la una viene de Nueva Zelanda, la otra de Brest.
Así hemos llegado los dos, ahora, juntos.
Y ésta es la única realidad, la única maravillosa 25
  realidad:
que tú eres una niña y que yo soy un niño.

¿Lo ves, madre?
No se te olvide nunca que todo lo demás es mentira,
  que esto sólo es verdad, la única verdad.
Verdad, tu trenza muy apretada, como la de esas
  niñas acabaditas de peinar ahora,
tu trenza, en la que se marcan tan bien los brillan- 30
  tes lóbulos del trenzado,
tu trenza, en cuyo extremo pende, inverosímil, un
  pequeño lacito rojo;

29-32 Recuerdo de alguna foto típica del atuendo de las niñas en el siglo XIX (no necesariamente su madre).

verdad, tus medias azules, anilladas de blanco, y las
puntillas de los pantalones que te asoman por
debajo de la falda;
verdad tu carita alegre, un poco enrojecida, y la
tristeza de tus ojos.
(Ah, ¿por qué está siempre la tristeza en el fondo
de la alegría?)
¿Y adónde vas ahora? ¿Vas camino del colegio? 35

Ah, niña mía, madre,
yo, niño también, un poco mayor, iré a tu lado,
te serviré de guía,
te defenderé galantemente de todas las brutalidades
de mis compañeros,
te buscaré flores, 40
me subiré a las tapias para cogerte las moras más
negras, las más llenas de jugo,
te buscaré grillos reales, de esos cuyo cricrí es como
un choque de campanitas de plata.
¡Qué felices los dos, a orillas del río, ahora que va
a ser el verano!

A nuestro paso van saltando las ranas verdes,
van saltando, van saltando al agua las ranas verdes: 45
es como un hilo continuo de ranas verdes,
que fuera repulgando la orilla, hilvanando la orilla
con el río.
¡Oh qué felices los dos juntos, solos en esta mañana!
Ves: todavía hay rocío de la noche; llevamos los
zapatos llenos de deslumbrantes gotitas.

¿O es que prefieres que yo sea tu hermanito menor? 50
Sí, lo prefieres.
Seré tu hermanito menor, niña mía, hermana mía,
madre mía.
¡Es tan fácil!
Nos pararemos un momento en medio del camino,
para que tú me subas los pantalones, 55

y para que me suenes las narices, que me hace mucha falta
(porque estoy llorando; sí, porque ahora estoy llorando).

No. No debo llorar, porque estamos en el bosque.
Tú ya conoces las delicias del bosque (las conoces por los cuentos,
porque tú nunca has debido estar en un bosque, 60
o por lo menos no has estado nunca en esta deliciosa soledad, con tu hermanito).
Mira, esa llama rubia, que velocísimamente repiquetea las ramas de los pinos,
esa llama que como un rayo se deja caer al suelo, y que ahora de un bote salta a mi hombro,
no es fuego, no es llama, es una ardilla.
¡No toques, no toques ese joyel, no toques esos diamantes! 65
¡Qué luces de fuego dan, del verde más puro, del tristísimo y virginal amarillo, del blanco creador, del más hiriente blanco!
¡No, no lo toques!: es una tela de araña, cuajada de gotas de rocío.
Y esa sensación que ahora tienes de una ausencia invisible, como una bella tristeza, ese acompasado y ligerísimo rumor de pies lejanos, ese vacío, ese presentimiento súbito del bosque,
es la fuga de los corzos. ¿No has visto nunca corzas en huida?
¡Las maravillas del bosque! Ah, son innumerables; 70
nunca te las podría enseñar todas, tendríamos para toda una vida...

... para toda una vida. He mirado, de pronto, y he visto tu bello rostro lleno de arrugas,
el torpor de tus queridas manos deformadas,

71 Este verso marca la vuelta a la realidad de la vejez de su madre.

y tus cansados ojos llenos de lágrimas que tiemblan.
Madre mía, no llores: víveme siempre en sueño.
Vive, víveme siempre ausente de tus años, del sucio mundo hostil, de mi egoísmo de hombre, de mis palabras duras. 75
Duerme ligeramente en ese bosque prodigioso de tu inocencia,
en ese bosque que crearon al par tu inocencia y mi llanto.
Oye, oye allí siempre cómo te silba las tonadas nuevas, tu hijo, tu hermanito, para arrullarte el sueño.

No tengas miedo, madre. Mira, un día ese tu sueño cándido se te hará de repente más profundo y más nítido.
Siempre en el bosque de la primer mañana, siempre en el bosque nuestro. 80
Pero ahora ya serán las ardillas, lindas, veloces llamas, llamitas de verdad;
y las telas de araña, celestes pedrerías;
y la huída de corzas, la fuga secular de las estrellas a la busca de Dios.
Y yo te seguiré arrullando el sueño oscuro, te seguiré cantando.
Tú oirás la oculta música, la música que rige el universo. 85
Y allá en tu sueño, madre, tú creerás que es tu hijo quien la envía. Tal vez sea verdad: que un corazón es lo que mueve el mundo.

79 Proyección hacia el futuro y la muerte de su madre (ocurrida en mayo de 1960).

80-83 Se trata de un caso de correlación en el que el recuerdo anterior que reflejaba la inocencia infantil (*bosque, ardilla, tela de araña, corzas,* vv. 58-70) se repite y se interpreta alegóricamente en la visión de la gloria eterna. Es evidente la relación que el poeta establece entre la infancia y la creación divina (*la primer mañana*) por encima de la miseria de la vida humana.

Madre, no temas. Dulcemente arrullada, dormirás en el bosque el más profundo sueño.
Espérame en tu sueño. Espera allí a tu hijo, madre mía.

A PIZCA *

Bestia que lloras a mi lado, dime:
¿Qué dios huraño
te remueve la entraña?
¿A quién o a qué vacío
se dirige tu anhelo, 5
tu oscuro corazón?
¿Por qué gimes, qué husmeas, qué avizoras?
¿Husmeas, di, la muerte?
¿Aúllas a la muerte,
proyectada, cual otro can famélico, 10
detrás de mí, de tu amo?
Ay, Pizca,

* Este poema pertenece a la serie que expresa la búsqueda de la esencia del ser (véase pp. 43 y ss.). El poema parte de una situación real, aunque el nombre del perro sea ficticio (el nombre verdadero era Jim, inspirado en la novela del autor inglés Joseph Conrad, de principios del siglo). Cogido por los soldados durante la guerra civil, el perro, gravemente herido, regresó a la casa del poeta para morir en el jardín, donde fue enterrado. En comparación con otros poemas de esta clase ("Voz del árbol", "Cosa"), el perro proyecta una mayor conciencia del vivir y cierto presentimiento trascendental. La segunda parte del poema refleja la angustia existencial, ya personal, del poeta.

tu terror es quizá sólo el del hombre
que el bieldo enarbolaba,
o el horror a la fiera 15
más potente que tú.
Tú, sí, Pizca; tal vez lloras por eso.
Yo, no.

Lo que yo siento es
un horror inicial de nebulosa; 20
o ese espanto al vacío,
cuando el ser se disuelve, esa amargura
del astro que se enfría entre lumbreras
más jóvenes, con frío sideral,
con ese frío que termina 25
en la primera noche, aún no creada;
o esa verdosa angustia del cometa
que, antorcha aún, como oprimida antorcha,
invariablemente, indefinidamente,
cae, 30
pidiendo destrucción, ansiando choque.
Ah, sí, que es más horrible
infinito caer sin dar en nada,
sin nada en que chocar. Oh viaje negro,
oh poza del espanto: 35
y, cayendo, caer y caer siempre.

Las sombras que yo veo tras nosotros,
tras ti, Pizca, tras mí,
por las que estoy llorando,
ya ves, no tienen nombre: 40
son la tristeza original,

13-14 La causa del terror del perro es real e inmediata (por ejemplo, un *bieldo*: utensilio agrícola en forma de tenedor grande).

20-22 Se trata del horror del no-ser, inicial y final, que precede y sigue a la vida humana (cf. v. 47).

30 El verso bisílabo *cae,* rodeado de versos regulares, dramatiza violentamente la acción expresada (véase p. 40).

32-36 Imagen onírica del infinito caer que produce angustia.

son la amargura
primera,
son el terror oscuro,
ese espanto en la entraña 45
de todo lo que existe
(entre dos noches, entre dos simas, entre dos mares),
de ti, de mí, de todo.
No tienen, Pizca, nombre, no; no tienen nombre.

EN LA SOMBRA *

Sí: tú me buscas.

A veces en la noche yo te siento a mi lado,
que me acechas,
que me quieres palpar,
y el alma se me agita con el terror y el sueño, 5
como una cabritilla, amarrada a una estaca,
que ha sentido la onda sigilosa del tigre
y el fallido zarpazo que no incendió la carne,
que se extinguió en el aire oscuro.

Sí: tú me buscas. 10

Tú me oteas, escucho tu jadear caliente,
tu revolver de bestia que se hiere en los troncos,
siento en la sombra
tu inmensa mole blanca, sin ojos, que voltea
igual que un iceberg que sin rumor se invierte en el 15
agua salobre.

* Poema posterior a la primera edición. Según el poeta, expresa "deseo de comunicación con la primera causa, y dudas acerca de la naturaleza de ésta" (*Poemas escogidos,* p. 197). El Dios buscado es una presencia invisible y, a la vez, monstruosa (ver pp. 47-48). Unido a la inseguridad básica de su creencia, está el deseo del poeta de creer en Dios (un auténtico *querer creer* unamuniano) para evitar la angustia de la soledad radical del hombre.

15 *iceberg*: anglicismo, masa de hielo desprendida de los glaciares que flota en el océano.

Sí: me buscas.
Torpemente, furiosamente lleno de amor me buscas.

No me digas que no. No, no me digas
que soy náufrago solo
como esos que de súbito han visto las tinieblas 20
rasgadas por la brasa de luz de un gran navío,
y el corazón les puja de gozo y de esperanza.
Pero el resuello enorme
pasó, rozó lentísimo, y se alejó en la noche, indiferente y sordo.

Dime, di que me buscas. 25
Tengo miedo de ser náufrago solitario,
miedo de que me ignores
como al náufrago ignoran los vientos que le baten,
las nebulosas últimas, que, sin ver, le contemplan.

LA OBSESIÓN *

Tú. Siempre tú.
Ahí estás,
moscardón verde,
hocicándome testarudo,
batiendo con zumbido interminable 5
tus obstinadas alas, tus poderosas alas velludas,
arrinconando esta conciencia, este trozo de concien-
cia empavorecida,
izándola a empellones tenaces
sobre las crestas últimas, ávidas ya de abismo. 10

Alguna vez te alejas,
y el alma, súbita, como oprimido muelle que una
mano en el juego un instante relaja,

* Poema posterior a la primera edición. La naturaleza de la obsesión no se explica, pero podemos conjeturar que se basa en la angustia existencial (v. 35). Elías L. Rivers encuentra cierta influencia del poeta jesuita inglés, Gerard Manley Hopkins (1844-1898), cuyos poemas fueron traducidos por Dámaso Alonso ("Seis poemas de Hopkins", en *Poetas españoles contemporáneos*). La larga serie de metáforas, de tipo variado, subraya la fuerza persistente y destructora de la angustia obsesiva: *moscardón, picón* (sentido literal: que pica), *abejarrón* (insecto que zumba y pica), *carcoma* (insecto que roe produciendo orificios en la madera), *ariete, catapulta, venablo, lanza* (instrumentos de guerra antiguos), *berbiquí* (taladro), *atizonador, hurgón* (utensilios usados para avivar la lumbre).

salta y se aferra al gozo, a la esperanza trémula,
a luz de Dios, a campo del estío,
a estos amores próximos que, mudos, en torno de
mi angustia, me interrogan
con grandes ojos ignorantes. 15
Pero ya estás ahí, de nuevo,
sordo picón, ariete de la pena,
agrio berbiquí mío, carcoma de mi raíz de hombre.
¿Qué piedras, qué murallas
quieres batir en mí, 20
oh torpe catapulta?

Sí, ahí estás,
peludo abejarrón.
Azorado en el aire,
sacudes como dudosos diedros de penumbra, 25
alas de pardo luto,
oscilantes, urgentes, implacables al cerco.
Rebotado de ti, por el zigzag
de la avidez te enviscas
en tu presa, 30
hocicándome, entrechocándome siempre.

No me sirven mis manos ni mis pies,
que afincaban la tierra, que arredraban el aire,
no me sirven mis ojos, que aprisionaron la hermo-
sura,
no me sirven mis pensamientos, que coronaron mun- 35
dos a la caza de Dios.

Heme aquí, hoy, inválido ante ti,
ante ti,
infame criatura, en tiniebla nacida,

14 Miembros de la familia inmediata.
25 *diedro*: ángulo diedro, figura formada por dos planos que se cortan; aquí, las alas del moscardón que forman ángulos geométricos de este tipo.

pequeña lanzadera
que tejes ese ondulante paño de la angustia, 40
que me ahoga
y ya me va a extinguir como se apaga el eco
de un ser con vida en una tumba negra.

Duro, hiriente, me golpeas una y otra vez,
extremo diamantino 45
de vengador venablo, de poderosa lanza.
¿Quién te arroja o te blande?
¿Qué inmensa voluntad de sombra así se obstina
contra un solo y pequeño (¡y tierno!) punto vivo de
los espacios cósmicos?
No, ya no más, no más, acaba, acaba. 50
atizonador de mi delirio,
hurgón de esto que queda de mi rescoldo humano,
menea, menea bien los últimos encendidos carbones,
y salten las altas llamas purísimas, las altas llamas
cantoras,
proclamando a los cielos 55
la gloria, la victoria final
de una razón humana que se extingue.

39-43 La lanzadera que incesantemente teje el paño de la angustia amenazando con la muerte por asfixia (*ahoga, extinguir, un ser con vida en una tumba*).

56-57 La liberación final a través de la locura o la muerte misma.

DOLOR *

Hacia la madrugada
me despertó de un sueño dulce
un súbito dolor,
un estilete
en el tercer espacio intercostal derecho. 5

Fino, fino,
iba creciendo y en largos arcos se irradiaba.
Proyectaba raíces, que, invasoras,
se hincaban en la carne,
desviaban, crujiendo, los tendones, 10
perforaban, sin astillar, los obstinados huesos durísimos,
y de él surgía todo un cielo de ramas
oscilantes y aéreas,
como un sauce juvenil bajo el viento,
ahora iluminado, ahora torvo, 15
según los galgos-nubes galopan sobre el campo
en la mañana
primaveral.

* El poema describe un dolor físico que, nacido *en el tercer espacio intercostal derecho,* se propaga por todo el cuerpo a través del sistema nervioso. Aunque se trata de un dolor real, el lector puede interpretarlo también simbólicamente. La imagen visionaria de la irradiación progresiva del dolor hasta convertirse en *un gigante cósmico* constituye, estilísticamente, un emocionante clímax ascendente.

Sí, sí, todo mi cuerpo era como un sauce abrileño,
como un sutil dibujo,
como un sauce temblón, todo delgada tracería, 20
largas ramas eléctricas,
que entrechocaban con descargas breves,
entrelazándose, disgregándose,
para fundirse en nódulos o abrirse
en abanico. 25

¡Ay!
Yo, acurrucado junto a mi dolor,
era igual que un niñito de seis años
que contemplara absorto
a su hermano menor, recién nacido, 30
y de pronto le viera
crecer, crecer, crecer,
hacerse adulto, crecer
y convertirse en un gigante,
crecer, pujar, y ser ya cual los montes, 35
pujar, pujar, y ser como la vía láctea,
pero de fuego,
crecer aún, aún,
ay, crecer siempre.
Y yo era un niño de seis años 40
acurrucado en sombra junto a un gigante cósmico.

Y fue como un incendio,
como si mis huesos ardieran,
como si la medula de mis huesos chorreara fundida,
como si mi conciencia se estuviera abrasando, 45
y abrasándose, aniquilándose,
aún incesantemente
se repusiera su materia combustible.

27-41 La indefensión ante el crecimiento desproporcionado del dolor cobra fuerza al contrastarse con la visión del empequeñecimiento del hombre que llega a sentirse como *un niñito de seis años.*

Fuera, había formas no ardientes,
lentas y sigilosas, 50
frías:
minutos, siglos, eras:
el tiempo.
Nada más: el tiempo frío, y junto a él un incendio
universal, inextinguible.

Y rodaba, rodaba el frío tiempo, el impiadoso tiem- 55
po sin cesar,
mientras ardía con virutas de llamas,
con largas serpientes de azufre,
con terribles silbidos y crujidos,
siempre,
mi gran hoguera. 60
Ah, mi conciencia ardía en frenesí,
ardía en la noche,
soltando un río líquido y metálico
de fuego,
como los altos hornos 65
que no se apagan nunca,
nacidos para arder, para arder siempre.

EL ALMA ERA LO MISMO QUE UNA RANITA VERDE *

El alma era lo mismo
que una ranita verde,
largas horas sentada sobre el borde
de un rumoroso
Misisipí. 5
Desea el agua, y duda. La desea
porque es el elemento para que fue criada,
pero teme
el bramador empuje del caudal,
y, allá en lo oscuro, aún ignorar querría 10
aquel inmenso hervor
que la puede apartar (ya sin retorno,
hacia el azar sin nombre)
de la ribera dulce, de su costumbre antigua.
Y duda y duda y duda la pobre rana verde. 15

* Es una bella alegoría en que el alma (*una ranita verde*) que desea, sin atreverse, entregarse al amor divino, se ve arrastrada por la potencia irresistible de Dios (*un rumoroso Misisipí*). Cabría comparar la intensidad de esta imagen con los símbolos utilizados por los místicos del Siglo de Oro.

5 Misisipí: el río más grande de los Estados Unidos que produce frecuentes inundaciones.

7-14 Se contrastan aquí el destino del alma que es Dios (*elemento para que fue criada*) con su afición mundana (*ribera dulce, costumbre antigua*).

Y hacia el atardecer,
he aquí que, de pronto,
un estruendo creciente retumba derrumbándose,
y enfurecida salta el agua
sobre sus lindes, 20
y sube y salta
como si todo el valle fuera
un hontanar hirviente,
y crece y salta
en rompientes enormes, 25
donde se desmoronan
torres nevadas contra el huracán,
o ascienden, dilatándose
como gigantes flores que se abrieran al viento,
efímeros arcángeles de espuma. 30
Y sube, y salta, espuma, aire, bramido,
mientras a entrambos lados rueda o huye,
oruga sigilosa o tigre elástico
(fiera, en fin, con la comba del avance)
la lámina de plomo que el ancho valle oprime. 35

Oh, si llevó las casas, si desraigó los troncos,
si casi horadó montes,
nadie pregunta por las ranas verdes...

... ¡Ay, Dios,
cómo me has arrastrado, 40
cómo me has desarraigado,
cómo me llevas
en tu invencible frenesí,
cómo me arrebataste
hacia tu amor! 45

32-35 Otro contraste, descriptivo: frente al violentísimo aspecto de la corriente del río, el agua que se sale e inunda la tierra forma una tranquila *lámina de plomo* que avanza (metáforas: *oruga sigilosa* o *tigre elástico*).

36 *desraigó*: desarraigó; forma poco usada, motivada por necesidad rítmica.

Yo dudaba.
No, no dudo:
dame tu incógnita aventura,
tu inundación, tu océano,
tu final, 50
la tromba indefinida de tu mente,
dame tu nombre,
en ti.

52-53 Deseo de la unión mística total.

VIDA DEL HOMBRE *

Oh niño mío, niño mío,
¡cómo se abrían tus ojos
contra la gran rosa del mundo!

Sí,
tú eras ya una voluntad. 5
Y alargabas la manecita
por un cristal transparente
que no ofrecía resistencia:
el aire,
ese dulce cristal 10
transfundido por el sol.

Querías coger la rosa.
Tú no sabías
que ese cristal encendido
no es cristal, que es un agua verde, 15
agua salobre de lágrimas,
mar alta y honda.

Y muy pronto,
ya alargabas tras la mano
de niño, tu hombro ligero, 20
tus alas de adolescente.

* El poema describe el ansia de felicidad (*la gran rosa del mundo*) que constituye el empeño vital del hombre en todas sus edades, quedando no obstante fuera de su alcance.

Dámaso Alonso con su esposa Eulalia Galvarriato en el despacho de su casa (1962).

¿Por qué gimes, qué husmeas, qué avizoras?
¿Husmeas, di, la muerte?
¿Aúllas a la muerte,
proyectada cual otro can famélico,
detrás de mí, de tu amo?
Ay, Pizca,
tu terror es quizá solo el del hombre
que el bieldo enarbolaba,
o el horror a la fiera
más potente que tú.
Tú, sí, Pizca; tal vez lloras por eso.
Yo, no.

Lo que yo siento es
un horror inicial de nebulosa;
o ese espanto al vacío,
cuando el ser se disuelve, esa amargura
del astro que se enfría entre lumbreras
más jóvenes, con frío sideral,
con ese frío que termina
en la primera noche, aún no creada;
o esa verdosa angustia del cometa
que antorcha aún, como oprimida antorcha,
invariablemente, indefinidamente,
cae,
pidiendo destrucción, ansiando choque.
Ah, sí, que es más horrible
infinito caer sin dar en nada,
sin nada en que chocar. Oh viaje negro,
oh poza del espanto:
y cayendo, caer y caer siempre.

Copia a mano de un fragmento del poema *A Pizca* (1983).

¡Y allá se fue el corazón
viril!
Y ahora,
ay, no mires, 25
no mires porque verás
que estás solo,
entre el viento y la marea.
(Pero ¡la rosa, la rosa!)

Y una tarde 30
(¡olas inmensas del mar, olas que ruedan los vien-
tos!)
se te han de cerrar los ojos contra la rosa lejana,
¡tus mismos ojos de niño!

NOTA PRELIMINAR A “LOS INSECTOS” *

Protesta usted, indignada, de mi poema *Los Insectos*. Ya la hubiera querido ver a usted en aquella noche de agosto de 1932, en este desierto de Chamartín, en este Chamartín, no de la Rosa, sí del cardo corredor, de la lata vieja y del perro muerto. Altas horas. La ventana abierta, la lámpara encendida, trabajaba yo. Y sobre la lámpara, sobre mi cabeza, sobre la mesa, se precipitaban inmensas bandadas de insectos, unos pegajosos y blandos, otros con breve choque de piedra o de metal: brillantes, duros, pesados coleópteros; minúsculos hemípteros saltarines, y otros que se levantan volando sin ruido, con su dulce olor a chinche; monstruosos, grotescos ortópteros;

* La *Nota preliminar,* dirigida en forma de carta a una persona ficticia, es un procedimiento (bastante frecuente en la literatura) que sirve para presentar la obra cuyo contenido requiere una explicación especial. Tratándose aquí de un poema que no tiene sentido claro, el poeta describe las circunstancias de su creación: el tiempo (una noche de agosto de 1932), el lugar (el despacho de su casa) y la causa (una invasión de insectos atraídos por la luz). El humor de la *Nota* es innegable, lo mismo en la descripción del barrio (en 1932, la colonia de Chamartín estaba fuera del casco urbano) que en la minuciosa lista de términos entomológicos o en los efectos sensoriales (visuales, acústicos y olfativos), producidos por la desproporcionada presencia de los insectos. No obstante, el poeta logra transmitir la sensación que un hecho físico produce en el estado emocional (náusea, espanto, furia), resultante en una alucinación casi demente.

lepidópteros en miniatura, de esos que Eulalia llama *capitas;* vivaces y remilgados dípteros; tenues, delicadísimos neurópteros. Todos extraños y maravillosos. Muchos de ellos, adorables criaturas, lindos, lindos, como para verlos uno a uno, y echarse a llorar, con ternura de no sé qué, con nostalgia de no sé qué. Ah, pero era su masa, su abundancia, su incesante fluencia, lo que me tenía inquieto, lo que al cabo de un rato llegó a socavar en mí ese pozo interior y súbito, ese acurrucarse el ser en un rincón, sólo en un rincón de la conciencia: el espanto. He leído terrores semejantes de viajeros por el África ecuatorial. Un reino magnífico y fastuoso, un reino extraño, ajeno al hombre e incomprensible para él, había convocado sus banderas, había precipitado sus legiones en aquella noche abrasada, contra mí. Y cada ser nuevo, cada forma viva y extraña, era una amenaza distinta, una nueva voz del misterio. Signos en la noche, extraños signos contra mí. ¿Mi destrucción?

Y había dos géneros monstruosos que en especial me aterrorizaban. Grandes ejemplares de *mantis religiosa* venían volando pesadamente (yo no sabía que este espantoso y feroz animal fuera capaz de vuelo), y caían, proféticos, sobre mí o chocaban contra la lámpara. Cada vez que esto sucedía, corría por mi cuerpo y por mi alma un largo rehilamiento de terror. Junte usted además el espanto de las crisopas. Son éstas unos neurópteros delicadísimos, de un verde, ¿cómo decírselo a usted?, de un verde no terreno, trasestelar, soñado, con un cuerpo minúsculo y largas alas de maravillosa tracería. Como su nombre indica, y usted sabe (puesto que usted ha hecho, como yo, los primeros pinitos de griego) tienen los ojos dorados: dos bolitas diminutas de un oro purísimo. Oh, créame usted, mucho más bellas que lo que llamamos oro. Pero ocurrió que me pasé las manos por la cara y quedé asombrado: yo estaba podrido. No, no era a muerto: no estaba muerto, no. No era la podredumbre que se produce sobre la muerte, sino la que se produce en los seres vivos. Oh, perdone usted, perdóneme usted, mi querida amiga: piense usted en una cloaca que fuera una boca humana, o en una boca humana que fuera una cloaca. Y ahora intensifique ese olor; multiplique su fría animosidad, su malicia antihumana, su poder de herir o picar en la pituitaria y producir una conmoción, una alarma frenética en no sé qué centro nervioso, atávicamente opuesto a su sentido; concentre usted aún más y piense en la idea pura del olor absoluto. Y entonces tendrá usted algo semejante. ¡Oh Dios mío! ¡Oh gran Dios! Sin duda la fétida miseria de mi alma había terminado de inficionar mi cuerpo. Porque aquello era mucho más que mi habitual putrefacción. El horrendo olor se repitió muchas veces, y llegué a observar que, siempre, después de tocarme una crisopa. No lo sabía antes. Luego he podido comprobar que estos animales (por lo menos en las noches de verano) son nada más que bellísimas sentinas.

Oh, yo la hubiera querido ver allí, mi querida amiga. Mi alma se llenó de náuseas, de espanto y de furia, y, alucinado, demente, escribí el poema que a usted tanto le molesta.

(De una carta del autor a la Sra. de H.)

LOS INSECTOS *

A José María de Cossío **

Me están doliendo extraordinariamente los insectos,
porque no hay duda estoy desconfiando de los insectos,
de tantas advertencias, de tantas patas, cabezas y esos ojos,
oh, sobre todo esos ojos
que no me permiten vigilar el espanto de las noches, 5
la terrible sequedad de las noches, cuando zumban los insectos,
de las noches de los insectos,
cuando de pronto dudo de los insectos, cuando me pregunto: *ah, ¿es que hay insectos?*,
cuando zumban y zumban y zumban los insectos,
cuando me duelen los insectos por toda el alma, 10
con tantas patas, con tantos ojos, con tantos mundos de mi vida,
que me habían estado doliendo en los insectos,

* El poema más antiguo del libro, escrito en 1932; producto de alucinación, carece de desarrollo temático coherente, pero logra un impresionante efecto rítmico gracias a una hábil reiteración de elementos léxicos (sobre todo, verbos onomatopéyicos: zumbar y roer) y sintácticos.

** José María de Cossío (1893-1977), taurólogo, poeta y crítico; miembro de la Real Academia Española (desde 1948).

cuando zumban, cuando vuelan, cuando se chapuzan
en el agua, cuando...
¡ah!, cuando los insectos.

Los insectos devoran la ceniza y me roen las noches, 15
porque salen de tierra y de mi carne de insectos los
insectos.
¡Disecados, disecados, los insectos!
Eso: disecados los insectos que zumbaban, que co-
mían, que roían, que se chapuzaban en el agua,
¡ah, cuando la creación!, el día de la creación.
cuando roían las hojas de los insectos, de los árbo- 20
les de los insectos,
y nadie, nadie veía a los insectos que roían, que roían
el mundo,
el mundo de mi carne (y la carne de los insectos),
los insectos del mundo de los insectos que roían.

Y estaban verdes, amarillos y de color de dátil, de
color de tierra seca los insectos,
ocultos, sepultos, fuera de los insectos y dentro de 25
mi carne, dentro de los insectos y fuera de mi
alma,
disfrazados de insectos.
Y con ojos que se reían y con caras que se reían y
patas
(y patas, que no se reían), estaban los insectos me-
tálicos royendo, royendo y royendo mi alma, la
pobre,
zumbando y royendo el cadáver de mi alma que no
zumbaba y que no roía,
royendo y zumbando mi alma, la pobre, que no zum- 30
baba, eso no, pero que por fin roía (roía dulce-
mente),
royendo y royendo este mundo metálico y estos insec-
tos metálicos que me están royendo el mundo de
pequeños insectos,
que me están royendo el mundo y mi alma,

que me están royendo mi alma toda hecha de pequeños insectos metálicos,
que me están royendo el mundo, mi alma, mi alma,
y, ¡ah!, los insectos, 35
y, ¡ah!, los puñeteros insectos.

36 Véase esta nota del poeta:

> La palabra *puñeteros,* en España, no quiere decir mucho más que *condenados,* algo así como *bloody* en inglés. Pero en algún país hispanoamericano, la palabra conserva aún un especial sentido obsceno. Por esa razón, en la edición de Buenos Aires se negaron a imprimirla, y pusieron "p..."; así se lee también en la nueva edición de la misma "Colección Austral", publicada ya en Madrid.
>
> En realidad, este vocablo podía sonar a atrevido en 1944, cuando se publicaron los *Hijos de la ira,* y mucho más cuando se escribió este poema, que es el más antiguo de todo el libro. A la altura posconciliar de 1969, la palabra *puñeteros* ya no escandaliza a nadie. (*Poemas escogidos,* pp. 197-198).

Las sucesivas ediciones de la "Colección Austral" continúan abreviando la palabra; lo mismo ocurre en la edición de la Editorial Noguer; la edición crítica de Elías L. Rivers imprime las letras suprimidas entre corchetes. Sólo la primera edición (*Revista de Occidente*) y las ediciones bilingües (en italiano y en inglés) constituyen excepción a esta práctica.

HOMBRE *

Hombre,
gárrula tolvanera
entre la torre y el azul redondo,
vencejo de una tarde, algarabía
desierta de un verano. 5

Hombre, borrado en la expresión, disuelto
en ademán: sólo flautín bardaje,
sólo terca trompeta,
híspida en el solar contra las tapias.

Hombre, 10
melancólico grito,
¡oh solitario y triste
garlador!: ¿dices algo, tienes algo
que decir a los hombres o a los cielos?
¿Y no es esa amargura 15

* El poema constituye una expresión nihilista del absurdo de la vida del hombre y de su soledad radical, sin Dios.
2 *gárrula tolvanera*: gárrula (adj.) quiere decir cantadora o habladora excesiva; tolvanera: remolino de polvo.
4 *algarabía*: alboroto, ruido producido por gritos y voces confusas (orig. nombre que daban los cristianos a la lengua árabe por ser ininteligible).
7 *flautín*: flauta pequeña que produce sonidos muy agudos; *bardaje*: homosexual; aquí, de voz aguda, amariconada.
13 *garlador*: el que habla demasiado.

de tu grito, la densa pesadilla
del monólogo eterno y sin respuesta?

Hombre,
cárabo de tu angustia,
agüero de tus días 20
estériles, ¿qué aúllas, can, qué gimes?
¿Se te ha perdido el amo?
No: se ha muerto.

¡Se te ha podrido el amo en noches hondas,
y apenas sólo es ya polvo de estrellas! 25
Deja, deja ese grito,
ese inútil plañir, sin eco, en vaho.
Porque nadie te oirá. Solo. Estás solo.

17 El monólogo del hombre se debe a su soledad absoluta y la ausencia de Dios, que ha muerto (cf. vv. 23 y ss.).

19-20 *cárabo*: autillo o zumaya, pájaro parecido a la lechuza, pero mayor; ave de mal agüero. Aquí, el hombre es ave de mal agüero de su propia angustia y de su vida.

21-22 Elías L. Rivers subraya la relación de estos versos con el poema "Solo" (*Oscura noticia*) que, a su vez, tiene como epígrafe el verso machadiano: "Como perro sin amo, que no tiene / huella ni olfato, y yerra / por los caminos..." ("Es una tarde cenicienta y mustia", del libro *Soledades*).

27 *en vaho*: rodeado de niebla que absorbe la voz.

RAÍCES DEL ODIO *

¡Oh profundas raíces,
amargor de veneno hasta mis labios
sin estrellas, sin sangre!
¡Furias retorcedoras
de una vida delgada en indeciso 5
perfume! ¡Oh yertas, soterradas furias!

¿Quién os puso en la tierra
del corazón? Que yo buscaba pájaros
de absorto vuelo en la azorada tarde,
jardines vagos cuando los crepúsculos 10
se han hecho dulce vena,
tersa idea divina,
si hay tercas fuentes, sollozante música,
dulces sapos, cristal, agua en memoria.
Que yo anhelaba aquella flor celeste, 15

* El poema expresa una alucinante pregunta sobre el origen del odio y su terrible fecundación en el alma del hombre. Es evidente el parecido con el poema "La injusticia" en las imágenes utilizadas, en la técnica que contrasta un mundo edénico con las fuerzas invasoras de la maldad y en el vocabulario crudo y repugnante.

4 *furias*: (mit.) divinidades demoníacas que habitaban en el infierno, representadas con el cabello entretejido de culebras y túnicas negras adornadas de víboras (en mitología griega: euménides, cf. v. 24).

8-22 Visión edénica del mundo.

rosa total —sus pétalos estrellas,
su perfume el espacio,
y su color el sueño—
que en el tallo de Dios se abrió una tarde,
conjunción de los átomos en norma, 20
el tibio, primer día,
cuando amor se ordenaba en haces de oro.

Y llegabais vosotras, llamas negras,
embozadas euménides, enlutados espantos,
raíces sollozantes, 25
vengadoras raíces,
seco jugo de bocas ya borradas.

¿De dónde el huracán,
el fúnebre redoble
del campo, los sequísimos 30
nervios, mientras los agrios violines
hacen crujir, saltar las cuerdas últimas?
¡Y ese lamer, ese lamer constante
de las llamas de fango,
voracidad creciente 35
de las noches de insomnio, negra hiedra
del corazón, mano de lepra en flecos
que retuerce, atenaza
las horas secas, nítidas,
inacabables, ay, 40
hozando con horrible
mucosidad,
tibia mucosidad,
la boca virginal, estremecida!
¡Oh! ¿De dónde, de dónde, vengadoras? 45

23-38 La imagen simbólica de las *raíces sollozantes,* como elemento engendrador de la maldad, se desprende metafóricamente del cabello (con serpientes) de las furias; lo mismo ocurre con otras imágenes: *llamas negras, sequísimos nervios, cuerdas* (de los violines), *negra hiedra, mano de lepra en flecos,* etc. Asimismo, *enlutados espantos* (y *fúnebre redoble*) derivan de las túnicas negras de las furias.

¡Oh vestiglos! ¡Oh furias!
Ahí tenéis el candor, los tiernos prados,
las vaharientas vacas de la tarde,
la laxitud dorada y el trasluz
de las dulces ojeras, 50
¡ay viñas de San Juan,
cuando la ardiente lanza del solsticio
se aterciopela en llanto!

Ahí tenéis la ternura
de las tímidas manos ya no esquivas, 55
de manos en delicia, abandonadas
a un fluir de celestes nebulosas,
y las bocas de hierba suplicante
próximas a la música del río.
¡Ay del dulce abandono! ¡Ay de la gracia 60
mortal de la dormida primavera!

¡Ay palacios, palacios,
termas, anfiteatros, graderías,
que robasteis sus salas a los vientos!
¡Ay torres de mi afán, ay altos cirios 65
que vais a Dios por las estrellas últimas!
¡Ay del esbelto mármol, ay del bronce!

¡Ay chozas de la tierra,
que dais sueño de hogar al mediodía,
borradas casi en sollozar de fuente 70
o en el bullir del romeral solícito,
rubio de miel sonora!

46 *vestiglos*: monstruos horribles forjados por la imaginación.
51-53 Una bella metáfora: el calor del solsticio (*ardiente lanza*) de las fiestas de San Juan se entibia (*se aterciopela*) con la suavidad húmeda de la lluvia (*llanto*).
62-72 La invasión del odio amenaza igualmente el mundo elevado (*palacios,* etc.) que el humilde (*chozas de tierra*).
Miel sonora: metáfora gongorina de la abeja.

¿Pero es que no escucháis, es que no veis
cómo el fango salpica
los últimos luceros putrefactos? 75
¿No escucháis el torrente de la sangre?
¡Y esas luces moradas,
esos lirios de muerte, que galopan
sobre los duros hilos de los vientos!

Sí, sois vosotras, hijas de la ira, 80
frenéticas raíces
que penetráis, que herís,
que hozáis, que hozáis con vuestros secos brazos,
flameantes banderas de victoria,
donde lentas se yerguen, 85
súbitas se desgarran
las afiladas testas viperinas.

Sádicamente, sabia-
mente, morosamente,
roéis la palpitante, 90
la estremecida pulpa voluptuosa.
Lúbricos se entretejen
los enormes meandros,
las pausadas anillas;
y las férreas escamas 95
abren rastros de sangre y de veneno.

¡Cómo atraviesa el alma vuestra gélida
deyección nauseabunda!
¡Cómo se filtra el acre,
el fétido sudor de vuestra negra 100
corteza sin luceros,
mientras salta en el aire en amarilla

87-96 Aparece la mención directa de las víboras (descritas antes metafóricamente) con sus elementos derivados: *meandros, anillas* y *escamas*.

99-104 El acto fecundador del odio llega a su clímax con la eyaculación del semen.

lumbrarada de pus, vuestro maldito
semen...!

¡Morir! ¡Morir!
¡Ay, no dais muerte al mundo, sí alarido, 105
agonía, estertor inacabables!

Y ha de llegar un día
en que el mundo será sorda maraña
de vuestros fríos brazos,
y una charca de pus el ancho cielo, 110
raíces vengadoras,
¡oh lívidas raíces pululantes,
oh malditas raíces
del odio, en mis entrañas,
en la tierra del hombre! 115

LA ISLA *

¡Aquella extraña travesía
de Nueva York hasta Cherburgo!
Ni siquiera una vez se movió el mar,
ni osciló el barco:
siempre una lámina tensa, 5
ya aceitosa bajo neblinas,
ya acerada bajo soles imperturbables.
¡Y yo siempre en la borda,
en acecho del monstruo,
esperando su bostezo imponente, 10
su rugido,
su colear de tralla!

* Un gran poema alegórico (parecido en tema a "El alma era lo mismo que una ranita verde") que describe una experiencia casi mística del alma (isla) que, ignorante durante años de la presencia divina (el mar), se ve gradualmente conquistada por Dios y termina anhelando una unión total con él. Para un análisis detallado de los elementos que componen la alegoría, véase mi libro *La poesía existencial de Dámaso Alonso,* pp. 154-159.

1-7 Como hemos observado en muchos poemas de *Hijos de la ira,* la inspiración inicial parte del recuerdo de un hecho real: un viaje marítimo de Nueva York a Cherburgo, en junio de 1930, caracterizado por un mar en calma que al final, ya cerca de Cherburgo, desarrolla un extensísimo pliegue de la incipiente marea (vv. 59 y ss.).

9 El mítico monstruo marino.

12 Que mueve la cola como látigo terminado en tralla.

A veces pienso
que mi alma fuera
como una isla, 15
rodeada durante muchos años
de un espejo de azogue inconmovible,
igual a aquel del prodigioso viaje,
isla ufana de sus palmeras, de sus celajes, de sus
flores,
llena de dulce vida y de interior isleño, 20
con villas diminutas, con sus mercados, con sendas
por las que tal vez corre a la aurora un cochecillo
traqueteante,
pero, olvidada, ensimismada en sueños como suaves
neblinas, quizá sin conocer
el ceñidor azul que la circunda,
ese metal que, bella piedra, acerado la engasta, 25
su razón de existir,
lo que le da su ser,
su forma de tierno reloj vivo, o de tortuga:
isla.

Y pienso 30
cuán prodigioso fue
que tú me rodearas,
que tú me contuvieras, Señor, así,
y que no me hayas destruído
en una lumbrarada súbita, 35
hostigando las olas con el acerbo látigo del viento
gemidor,
para que, panteras aún con el furor del sueño,
de un salto se lanzaran
sobre su presa,
sino que hayas estado circundándome 40
45 años,

13-22 Identificación del elemento alegórico principal: el alma-isla; los elementos descriptivos se refieren a la belleza de las cosas mundanas, no relacionadas con Dios.

24-29 Introducción del segundo elemento alegórico: el mar-Dios, siendo éste esencia y razón de la existencia humana.

originándome
45 años,
callado y en reposo junto a tu criatura
más desvalida, 45
lo mismo que el enorme mastín paterno vela,
sin nana, sin arrullo,
el sueño
del niño más pequeño de la casa.
Y has sido para mí como un paisaje 50
nunca visto, ni soñado tampoco,
y como una música ni oída ni pensada,
que misteriosamente,
sin nosotros saberlo,
nos condicionan con secretos efluvios de belleza, 55
lo mismo que los astros más incógnitos,
esclavitud lejana nos imponen
con los apremios de su grave norma.

Y luego has comenzado
a agitarte, a agitarme. 60
Primero sólo un pliegue,
un pliegue sin murmullo, que, extenso al infinito,
avanza por la líquida llanura,
como la grada de un inmenso altar,
sordamente corrida por sigilosos ángeles que la acercan a Dios. 65
Después ha comenzado lejos la resaca, como un lamento de las bestias marinas,
y he visto pasar como horribles hipopótamos que avanzaran de lado,
las grandes olas de fondo,

50-58 La presencia divina, aunque insospechada, condiciona la vida del hombre igual que los astros que influyen en su destino.

59 y ss. El proceso "místico" de la conquista del alma por Dios, que empieza con el condicionamiento secreto (v. 55), se desarrolla en tres etapas de intensificación sucesiva: el *pliegue* (v. 61), la *resaca* (v. 66) y la *marea* (v. 77). Son *los escalones, las moradas crecientes de tu terrible amor* (v. 104).

los vientres enormes que ruedan y ruedan, ignorantes de su destino,
hasta que allá junto a la costa comienzan a parir sin gemido peinadas cabelleras intensamente verdes, 70
que al fin, blanco purísimo, en arco se derraman,
para batir su fúnebre redoble sobre el tambor tirante de la arena;
y he visto las jacas desenfrenadas y unánimes, que rompieron por fin la rienda y chocan de frente con las estrías del acantilado,
como si todos los macillos de un piano inmenso fueran movidos a la vez por una mano gigante,
retirándose súbitamente para que el sonido no se difumine (como en el dulce mecanismo del piano),
y sólo asciende vertical la espuma de los heridos belfos. 75

Y me he asomado en la noche
y he sentido bullir, subir, amenazadora, una marea inmensa y desconocida,
como cuando lentamente, apenas borboteante, sube la leche en el perol si en ella se acumulan danzando los genios sombríos del fuego.
Toda la vida oculta en el implacable mar, bulle y se levanta,
y el mar se alza como materia sólida, como un paño de luto, 80
como el brazo de un muerto levantará su sudario en el día de la resurrección o la venganza.

Y el ser misterioso crece, crece y sube,
como en la pesadilla de la madrugada la bestia que nos va a devorar.
Y crece, y lo sé unánime,
bullente, surgente, 85
con todos sus abismales espantos,

82-88 Una vez más, la presencia divina se describe como monstruosa.

con sus más tórpidos monstruos,
con toda su vida, y con toda la muerte acumulada
en su seno:
hasta los más tenebrosos valles submarinos
se han empinado sin duda sobre sus tristes hombros 90
de vencidos titanes con un esfuerzo horrible.

Oh Dios,
yo no sabía que tu mar tuviera tempestades,
y primero creí que era mi alma la que bullía, la que
se movía,
creí que allá en su fondo volaban agoreras las heces
de tantos siglos de tristeza humana,
que su propia miseria le hacía hincharse como un 95
tumefacto carbunclo.
Y eras tú.

Gracias, gracias, Dios mío,
tú has querido poner sordo terror y reverencia en mi
alma infantil,
e insomnio agudo donde había sueño.
Y lo has logrado. 100
Pudiste deshacerme en una llamarada.
Así los pasajeros del avión que el rayo ha herido,
funden en una sola luz vivísima la exhalación que
mata y tu presencia súbita.
Pero, no, tú quisiste mostrarme los escalones, las
moradas crecientes de tu terrible amor.
Apresura tu obra: ya es muy tarde. 105

90 *titanes*: gigantes mitológicos que quisieron asaltar el cielo levantando montañas sobre montañas; aquí, es el fondo del mar el que se levanta.

95 *carbunclo*: carbunco, enfermedad grave que se manifiesta en forma de tumor.

102-103 Una imagen digna de expresar, en términos modernos, la experiencia de la unión mística.

Ya es hora, ya es muy tarde.
Acaba ya tu obra, como el rayo.
Desflécame, desfleca tu marea surgente, aviva, aviva
  su negro plomo,
rómpela en torres de cristal, despícala
en broncos maretazos 110
que socaven los rotos resalseros,
desmantela ciclópeos rompeolas, osados malecones,
rompe, destruye, acaba esta isla ignorante,
ensimismada
en sus flores, en sus palmeras, en su cielo, 115
en sus aldeas blancas y en sus tiernos caminos,
y barran su cubierta en naufragio tus grandes olas,
tus olas alegres, tus olas juveniles que sin cesar des-
  hacen y crean,
tus olas jubilosas que cantan el himno de tu fuerza
  y de tu eternidad.
Sí, ámame, abrásame, deshazme. 120
Y sea yo isla borrada de tu océano.

108 Nótese que el verbo *desflecar* se aplica a la isla y al mar, expresando el deseo de borrar los límites entre los dos.
109 *despicar*: deshacer una roca por medio de una pica (forma rara, paralela aquí a *desflecar*: deshacer en flecos).
111 *resalsero*: lugar de la costa en que baten constantemente las olas.

DE PROFUNDIS *

Si vais por la carrera del arrabal, apartaos, no os
inficione mi pestilencia.
El dedo de mi Dios me ha señalado: odre de putrefacción quiso que fuera este mi cuerpo,
y una ramera de solicitaciones mi alma,
no una ramera fastuosa de las que hacen languidecer
de amor al príncipe,
sobre el cabezo del valle, en el palacete de verano, 5
sino una loba del arrabal, acoceada por los trajinantes,
que ya ha olvidado las palabras de amor,
y sólo puede pedir unas monedas de cobre en la cantonada.

* El título del poema viene del *Salmo* 130(129): "Desde lo más profundo grito hacia ti, Yahvéh". Hay otros ecos bíblicos de los salmos penitenciales: 31(30), 38(37), 102(101) y del libro de Job. El autoimproperio recurre a un lenguaje excepcionalmente crudo; pero, a diferencia de la pregunta final del poema "Insomnio", el lamento termina con una afirmación de fe y amor hacia Dios.

1-2 *arrabal*: barrio en las afueras de una población; aquí, a manera del Job bíblico, el poeta se sitúa en el lugar reservado a los leprosos. La podredumbre física corresponde simbólicamente a la náusea existencia del hombre (véase p. 49).

5 *cabezo*: una pequeña elevación en el terreno.

8 *cantonada*: esquina.

Yo soy la piltrafa que el tablajero arroja al perro del mendigo,
y el perro del mendigo arroja al muladar. 10
Pero desde la mina de las maldades, desde el pozo de la miseria,
mi corazón se ha levantado hasta mi Dios,
y le ha dicho: Oh Señor, tú que has hecho también la podredumbre,
mírame,
yo soy el orujo exprimido en el año de la mala cosecha, 15
yo soy el excremento del can sarnoso,
el zapato sin suela en el carnero del camposanto,
yo soy el montoncito de estiércol a medio hacer, que nadie compra,
y donde casi ni escarban las gallinas.
Pero te amo, 20
pero te amo frenéticamente.
¡Déjame, déjame fermentar en tu amor,
deja que me pudra hasta la entraña,
que se me aniquilen hasta las últimas briznas de mi ser,
para que un día sea mantillo de tus huertos! 25

17 *carnero del camposanto*: osario; lugar del cementerio donde se entierran los huesos sacados de las sepulturas temporales.
25 *mantillo*: estiércol ya descompuesto, utilizable como abono.

A LA VIRGEN MARÍA *

Como hoy estaba abandonado de todos,
como la vida
(ese amarillo pus que fluye del hastío,
de la ilusión que lentamente se pudre,
de la horrible sombra cárdena donde nuestra húmeda 5
orfandad se condensa),
goteaba en mi sueño, medidora del sueño, segundo
tras segundo,
como el veneno ya me llegaba al corazón,
mi corazón rompió en un grito,
y era tu nombre,
Virgen María, madre. 10

(30 años hace que no te invocaba).

* Poema escrito entre 1944 y 1945 que se añade a partir de la segunda edición. Se trata de un gran poema simbólico que marca el triunfo del amor sobre la náusea existencial y las fuerzas de la injusticia y el odio. No creemos que, según lo afirma Elías L. Rivers, "este poema señala... una especie de vuelta a cierta devoción católica tradicional" (p. 135). La imagen de la madre, sea real (como en el poema "La madre") o espiritual (como aquí) simboliza la realidad de un mundo edénico y el refugio buscado de la maldad del mundo. El poeta da de lado la interpretación literal ("yo no sé quién eres") e identifica a la Virgen María con una serie de símbolos que expresan una ternura amorosa (*luna, primavera, dulce sueño, agua tersa, matriz eterna, madre;* vv. 41-47).

No, yo no sé quién eres:
pero eres una gran ternura.
No sé lo que es la caricia de la primavera
cuando la siento subir como una turbia marea de
mosto,
ni sé lo que es el pozo del sueño
cuando la siento subir como una turbia marea de 15
y, hundiéndose, aún palpan el agua cada vez más
humanamente profunda.

Y los niños, ligados, sordos, ciegos,
en el materno vientre, 20
antes que por primera vez se hinche a la oscura llamarada del oxígeno
la roja flor gemela de sus pulmones,
así ignoran la madre,
protegidos por tiernas envolturas,
ciudades indefensas, pequeñas y dormidas 25
tras el alerta amor de sus murallas.

Y va y viene el fluído sigiloso y veloz de la sangre,
y viene y va la secretísima vena,
que trae íntimas músicas, señales misteriosas que
conjuró el instinto,
y ellos 30
beben a sorbos ávidos, cada instante más ávidos,
la vida,
aun sólo luz de luna sobre una aldea incógnita sumergida en el sueño,
y oscuramente sienten que son un calorcito, que son
un palpitar,
que son amor, que son naturaleza, 35
se sienten bien,
arbolitos, del verano en la tarde, a la brisa,
bebiendo una ignorante sucesión de minutos,
de la tranquila acequia.
Así te ignoro, madre. 40

19-40 El amor protege y hace crecer al hombre igual que *el materno vientre* lo hace con el feto.

No, yo no sé quién eres, pero tú eres
luna grande de enero que sin rumor nos besa,
primavera surgente como el amor en junio,
dulce sueño en el que nos hundimos,
agua tersa que embebe con trémula avidez la vegetal célula joven, 45
matriz eterna donde el amor palpita,
madre, madre.

No, no tengo razón.
Cerraré, cerraré, como al herir la aurora pesadillas de bronce,
la puerta del espanto, 50
porque fantasmas eran, son, sólo fantasmas,
mis interiores enemigos,
esa jauría, de carlancas híspidas,
que yo mismo, en traílla, azuzaba frenético
hacia mi destrucción, 55
y fantasmas también mis enemigos exteriores,
ese friso de bocas, ávidas ya de befa
que el odio encarnizaba contra mí,
esos dedos, largos como mástiles de navío,
que erizaban la lívida bocana de mi escape, 60
esas pezuñas, que tamborileaban a mi espalda, crecientes, sobre el llano.

Hoy surjo, aliento, protegido en tu clima,
cercado por tu ambiente,
niño que en noche y orfandad lloraba
en el incendio del horrible barco, y se despierta 65

41-47 La serie de símbolos constituye aquí una recolección de los conjuntos diseminados en los versos anteriores (correlación reiterativa).

48-61 El poeta, fortalecido por el amor, rechaza el estado anterior de angustia y náusea existencial (vv. 1-7), descritas aquí por otra serie de símbolos: *jauría, friso de bocas, dedos, pezuñas.*
jauría, de carlancas híspidas: perros hirsutos que llevan collar con púas para proteger el cuello.

en una isla maravillosa del Pacífico,
dentro de un lago azul, rubio de sol,
dentro de una turquesa, de una gota de ámbar
donde todo es prodigio:
el aire que flamea como banderas nítidas sus capas transparentes, 70
el sueño invariable de las absortas flores carmesíes,
la pululante pedrería, el crujir, el bullir de los insectos como átomos del mundo en su primer hervor,
los grandes frutos misteriosos
que adensan en perfume sin tristeza los zumos más secretos de la vida.

¡Qué dulce sueño, en tu regazo, madre, 75
soto seguro y verde entre corrientes rugidoras,
alto nido colgante sobre el pinar cimero,
nieve en quien Dios se posa como el aire de estío, en un enorme beso azul,
oh tú, primera y extrañísima creación de su amor!

... Déjame ahora que te sienta humana, 80
madre de carne sólo,
igual que te pintaron tus más tiernos amantes,
déjame que contemple, tras tus ojos bellísimos,
los ojos apenados de mi madre terrena,
permíteme que piense 85
que posas un instante esa divina carga
y me tiendes los brazos
me acunas en tus brazos,
acunas mi dolor,
hombre que lloro. 90

Virgen María, madre,
dormir quiero en tus brazos hasta que en Dios despierte.

66-74 Visión edénica de la niñez: la inocencia y la felicidad recuperadas.

DEDICATORIA FINAL (LAS ALAS) *

Ah, pobre Dámaso,
tú, el más miserable, tú el último de los seres,
tú, que con tu fealdad y con el oscuro turbión de tu
desorden,
perturbas la sedeña armonía
del mundo, 5
dime,
ahora que ya se acerca tu momento
(porque no hay ni un presagio que ya en ti no se
haya cumplido),
ahora que subirás al Padre,
silencioso y veloz como el alcohol bermejo en los 10
termómetros,
¿cómo has de ir con tus manos estériles?
¿qué le dirás cuando en silencio te pregunte qué
has hecho?

Yo le diré: "Señor, te amé. Te amaba
en los montes, cuanto más altos, cuanto más des-
nudos,

* El poema es una especie de epílogo a *Hijos de la ira,* libro subtitulado "Diario íntimo" (subrayando su carácter autobiográfico y confesional), en que el poeta resume su vida y su obra, y termina con una plegaria final.

13-32 El poeta expresa su amor a Dios a través de la belleza del mundo creado.

allí donde el silencio erige sus verticales torres sobre la piedra, 15
donde la nieve aún se arregosta en julio a los canchales,
en el inmenso circo, en la profunda copa, llena de nítido cristal, en cuyo centro
un águila en enormes espirales se desliza
como una mota que en pausado giro
desciende por el agua 20
del transparente
vaso:
allí
me sentía más cerca de tu terrible amor, de tu garra de fuego.

Y te amaba en la briznilla más pequeña, 25
en aquellas florecillas que su mano me daba,
tan diminutas que sólo sus ojos inocentes,
aquellos ojos, anteriores a la maldad y al sueño,
las sabían buscar entre la hierba,
florecillas tal vez equivocadas en nuestro suelo, demasiado grande, 30
quién sabe si caídas de algún planeta niño.
Ay, yo te amaba aún con más ternura en lo pequeño."

"Sí —te diré—, yo te he amado, Señor."
Pero muy pronto
he de ver que no basta, que tú me pides más. 35
Porque, ¿cómo no amarte, oh Dios mío?

16 *arregostarse*: engolosinarse, tomar gusto (la palabra deriva de 'gusto'); *canchales*: peñascos.

17-22 Descripción de un valle entre montañas. La distribución tipográfica de los versos constituye un caligrama: los versos cada vez más cortos representan la espiral del descenso del águila.

25-32 Dentro del contexto de la ternura expresada, los posesivos *su, sus* se refieren al recuerdo de la novia del poeta y la inocencia de sus relaciones.

¿Qué ha de hacer el espejo sino volver el rayo que le hostiga?
La dulce luz refleja, ¿quién dice que el espejo la creaba?
Oh, no; no puede ser bastante.
Y como fina lluvia batida por el viento a fines de noviembre, 40
han de caer sobre mi corazón
las palabras heladas: "Tú, ¿qué has hecho?"

¿Me atreveré a decirte
que yo he sentido desde niño
brotar en mí, no sé, una dulzura torpe, 45
una venilla de fluído azul,
de ese matiz en que el azul se hace tristeza,
en que la tristeza se hace música?
La música interior se iba en el aire, se iba a su centro de armonía.
Algunas veces (¡ah, muy pocas veces!: 50
cuando apenas salía de la niñez; y luego en el acíbar de la juventud; y ahora que he sentido los primeros manotazos del súbito orangután pardo de mi vejez),
sí, algunas veces
se quedaba flotando la dulce música,
y, flotando, se cuajaba en canción.
Sí: yo cantaba. 55

"Y aquí —diré—, Señor, te traigo mis canciones.
Es lo que he hecho, lo único que he hecho.
Y no hubo ni una sola
en que el arco y al mismo tiempo el hito
no fueses tú. 60

43-49 Se describe aquí la vocación poética de Dámaso Alonso. *centro de armonía*: Dios.

50-51 El poeta habla de su escasa producción poética hasta ese momento, distribuida en tres períodos: adolescencia (anterior a 1921), juventud (1921-1942) y "vejez" (1942-1944). La identificación exacta se hace en los versos 67-115.

58-60 En varios escritos suyos, Dámaso Alonso afirma que toda poesía es religiosa (véase p. 47, nota 41).

Yo no he tenido un hijo,
no he plantado de viña la ladera de casa,
no he conducido a los hombres
a la gloria inmortal o a la muerte sin gloria,
no he hecho más que estas cancioncillas: 65
pobres y pocas son.

Primero aquellas puras (¡es decir, claras, tersas!)
y aquellas otras de la ciudad donde vivía.
Al vaciarme de mi candor de niño,
yo vertí mi ternura 70
en el librito aquel, igual
que en una copa de cristal diáfano.

Luego dormí en lo oscuro durante muchas horas,
y sólo unos instantes
me desperté 75
para cantar el viento, para cantar el verso,
los dos seres más puros
del mundo de materia y del mundo de espíritu.

Y al cabo de los años llegó por fin la tarde,
sin que supiera cómo, 80
en que cual una llama
de un rojo oscuro y ocre,
me vino la noticia,
la lóbrega noticia
de tu belleza y de tu amor. 85
¡Cantaba!

61 El matrimonio Alonso no tiene hijos.
67-72 *Poemas puros. Poemillas de la ciudad* (1921).
75-78 Breve colección *El viento y el verso* (1923-1924) que, junto con otros poemas de esa época, se publicó en el volumen *Oscura noticia* (1944).
79-85 *Oscura noticia;* el título proviene de San Juan de la Cruz que con frecuencia habla de la "oscura noticia de Dios".

¡Rezaba, sí!
Entonces
te recé aquel soneto
por la belleza de una niña, aquel
que tanto 90
te emocionó.
Ay, sólo después supe
—¿es que me respondías?—
que no era en tu poder quitar la muerte
a lo que vive: 95
ay, ni tú mismo harías que la belleza humana
fuese una viva flor sin su fruto: la muerte.
Pero yo era ignorante, tenía sueño, no sabía
que la muerte es el único pórtico de tu inmortalidad.

Y ahora, Señor, oh dulce Padre, 100
cuando ya estaba más caído y más triste,
entre amarillo y verde, como un limón no bien maduro,
cuando estaba más lleno de náuseas y de ira,
me has visitado,
y con tu uña, 105
como impasible médico
me has partido la bolsa de la bilis,
y he llorado, en furor, mi podredumbre
y la estéril injusticia del mundo,
y he manado en la noche largamente 110
como un chortal viscoso de miseria.
Ay, hijo de la ira
era mi canto.

88-99 El poeta hace destacar uno de los sonetos de *Oscura noticia,* titulado "Oración por la belleza de una muchacha" que, tras alabar su belleza física, termina con la exclamación a Dios:

Mortal belleza eternidad reclama.
¡Dale la eternidad que le has negado!

100-113 *Hijos de la ira* (1944).
chortal: pequeña laguna formada por un manantial que brota en su fondo.

Pero ya estoy mejor.
Tenía que cantar para sanarme. 115

Yo te he rezado mis canciones.
Recíbelas ahora, Padre mío.
Es lo que he hecho.
Lo único que he hecho."

Así diré. 120
Me oirá en silencio el Padre,
y ciertamente
que se ha de sonreír.
Sí, se ha de sonreír, en cuanto a su bondad, pero no
en cuanto
a su justicia. 125
Sobre mi corazón,
como
cuando quema los brotes demasiado atrevidos el
enero,
caerán estas palabras heladas:
"Más. ¿Qué hiciste?" 130

Oh Dios,
comprendo,
yo no he cantado;
yo remedé tu voz cual dicen que los mirlos remedan
la del pastor paciente que los doma. 135

... Y he seguido en el sueño que tenía.
Me he visto vacilante,
cual si otra vez pesaran sobre mí
80 kilos de miseria orgánica,
cual si fuera a caer 140
a través de planetas y luceros,
desde la altura
vertiginosa.

115 El poeta parece anticipar su futura creación poética que expresará una renovada fe en el destino humano.

... ¡Voy a caer!
Pero el Padre me ha dicho: 145
"Vas a caerte,
abre las alas."
¿Qué alas?
Oh portento, bajo los hombros se me abrían
dos alas, 150
fuertes, inmensas, de inmortal blancura.
Por debajo, ¡cuán lentos navegaban los orbes!
¡Con qué impalpable roce me resbalaba el aire!
Sí, bogaba, bogaba por el espacio, era
ser glorioso, ser que se mueve en las tres dimensiones de la dicha, 155
un ser alado.

Eran aquellas alas
lo que ya me bastaba ante el Señor,
lo único grande y bello
que yo había ayudado a crear en el mundo. 160

Y eran
aquellas alas vuestros dos amores,
vuestros amores, mujer, madre.
Oh vosotras las dos mujeres de mi vida,
seguidme dando siempre vuestro amor, 165
seguidme sosteniendo,
para que no me caiga,
para que no me hunda en la noche,
para que no me manche,
para que tenga el valor que me falta para seguir viviendo, 170
para que no me detenga voluntariamente en mi camino,
para que cuando mi Dios quiera gane la inmortalidad a través de la muerte,

161-163 La salvación del poeta es el amor de las dos mujeres de su vida: su madre y su esposa (véase p. 56).

para que Dios me ame,
para que mi gran Dios me reciba en sus brazos,
para que duerma en su recuerdo. 175

ÍNDICE DE PRIMEROS VERSOS

¿Adónde va esa mujer, ... 106
Ah, pobre Dámaso, ... 167
¡Aquella extraña travesía 155
¡Ay, terca niña! 93
Bestia que lloras a mi lado, dime: 126
Como hoy estaba abandonado de todos, ... 163
¿De qué sima te yergues, sombra negra? 75
El alma era lo mismo 137
Hacia la madrugada 134
Hombre, ... 148
Luego sentí congoja 113
Madrid es una ciudad de más de un millón de cadáveres (según las últimas estadísticas). 73
Me están doliendo extraordinariamente los insectos, porque no hay duda estoy desconfiando de los insectos, ... 145
Mi portento inmediato, ... 103
No me digas 120
Oh niño mío, niño mío, ... 140
¡Oh! ¡No sois profundidad de horror y sueño, ... 78
¡Oh profundas raíces, ... 150
¿Qué me quiere tu mano? 86

Si vais por la carrera del arrabal, apartaos, no os inficcione mi pestilencia. 161

Sí: tú me buscas. 129

Todos los días rezo esta oración 118

Tú. Siempre tú. 131

Unos 89

Ya asesinaste a tu postrer hermano: 96

ÍNDICE DE LÁMINAS

	Entre págs.
Portada facsímil de *Hijos de la ira*	67
Dámaso Alonso hacia 1944	102-103
La Generación de 1927 en el Ateneo de Sevilla ...	102-103
Dámaso Alonso con su esposa Eulalia Galvarriato.	140-141
Copia a mano de un fragmento del poema *A Pizca.*	140-141

ESTE LIBRO
SE TERMINÓ DE IMPRIMIR
EL DÍA 2 DE SEPTIEMBRE DE 1988

ÚLTIMOS TÍTULOS PUBLICADOS

37 / Juan Eugenio Hartzenbusch
LOS AMANTES DE TERUEL
Edición, introducción y notas de Salvador García.

38 / Francisco de Rojas Zorilla
DEL REY ABAJO, NINGUNO
Edición, introducción y notas de Jean Testas.

39 / Diego de San Pedro
OBRAS COMPLETAS, II. CÁRCEL DEL AMOR
Edición, introducción y notas de Keith Whinnom.

Juan de Aguijo
OBRA POÉTICA
Edición, introducción y notas de Stanko B. Vranich.

41 / Alonso Fernández de Avellaneda
EL INGENIOSO HIDALGO DON QUIJOTE DE LA MANCHA, que contiene su tercera salida y es la quinta parte de sus aventuras
Edición, introducción y notas de Fernando G. Salinero.

42 / Antonio Machado
JUAN DE MAIRENA (1936)
Edición, introducción y notas de José María Valverde.

43 / Vicente Aleixandre
ESPADAS COMO LABIOS. LA DESTRUCCIÓN O EL AMOR
Edición, introducción y notas de José Luis Cano.

44 / Agustín de Rojas Villandrando
EL VIAJE ENTRETENIDO
Edición, introducción y notas de Jean Pierre Ressot.

45 / Vicente Espinel
VIDA DEL ESCUDERO MARCOS DE OBREGÓN. Tomo I
Edición, introducción y notas de M.ª Soledad Carrasco Urgoiti.

46 / Vicente Espinel
VIDA DEL ESCUDERO MARCOS DE OBREGÓN. Tomo II
Edición, introducción y notas de M.ª Soledad Carrasco Urgoiti.

47 / Diego de Torres Villaroel
VIDA, ascendencia, nacimiento, crianza y aventuras
Edición, introducción y notas de Guy Mercadier.

48 / Rafael Alberti
MARINERO EN TIERRA. LA AMANTE. EL ALBA DEL ALHELÍ
Edición, introducción y notas de Robert Marrast.

49 / Gonzalo de Berceo
VIDA DE SANTO DOMINGO DE SILOS
Edición, introducción y notas de Teresa Labarta de Chaves.

50 / Francisco de Quevedo
SUEÑOS Y DISCURSOS
Edición, introducción y notas de Felipe C. R. Maldonado.

51 / Bartolomé de Torres Naharro
COMEDIAS
Edición, introducción y notas de D. W. McPheeters.

52 / Ramón Pérez de Ayala
TROTERAS Y DANZADERAS
Edición, introducción y notas de Andrés Amorós.

53 / Azorín
DOÑA INÉS
Edición, introducción y notas de Elena Catena.

54 / Diego de San Pedro
OBRAS COMPLETAS, I.
TRACTADO DE AMORES
DE ARNALTE Y LUCENDA.
SERMÓN
Edición, introducción y notas de Keith Whinnom.

55 / Lope de Vega
EL PEREGRINO EN SU PATRIA
Edición, introducción y notas de Juan Bautista Avalle-Arce.

56 / Manuel Altolaguirre
LAS ISLAS INVITADAS
Edición, introducción y notas de Margarita Smerdou Altolaguirre.

57 / Miguel de Cervantes
VIAJE DEL PARNASO.
POESÍAS COMPLETAS, I
Edición, introducción y notas de Vicente Gaos.

58 / LA VIDA DE LAZARILLO DE TORMES Y DE SUS FORTUNAS Y ADVERSIDADES
Edición, introducción y notas de Alberto Blecua.

59 / Azorín
LOS PUEBLOS.
LA ANDALUCÍA TRÁGICA
Y OTROS ARTÍCULOS
(1904-1905)
Edición, introducción y notas de José María Valverde.

60 / Francisco de Quevedo
POEMAS ESCOGIDOS
Selección, introducción y notas de José Manuel Blecua.

61 / Alfonso Sastre
ESCUADRA HACIA
LA MUERTE
LA MORDAZA
Edición, introducción y notas de Farris Anderson.

62 / Juan del Encina
POESÍA LÍRICA
Y CANCIONERO MUSICAL
Edición, introducción y notas de R. O. Jones y Carolyn R. Lee.

63 / Lope de Vega
LA ARCADIA
Edición, introducción y notas de Edwin S. Morby.

64 / Marqués de Santillana
POESÍAS COMPLETAS, I.
Serranillas, cantares y decires.
Sonetos fechos al itálico modo
Edición, introducción y notas de Manuel Durán.

65 / POESÍA DEL SIGLO XVIII
Selección, introducción y notas de John H. R. Polt.

66 / Juan Rodríguez del Padrón
SIERVO LIBRE DE AMOR
Edición, introducción y notas de Antonio Prieto.

67 / Francisco de Quevedo
LA HORA DE TODOS
Edición, introducción y notas de Luisa López-Grigera.

68 / Lope de Vega
SERVIR A SEÑOR DISCRETO
Edición, introducción y notas de Frida Weber de Kurlat.

69 / Leopoldo Alas, Clarín
TERESA. AVECILLA.
EL HOMBRE DE LOS

ESTRENOS
Edición, introducción y notas de Leonardo Romero.

70 / Mariano José de Larra
ARTÍCULOS VARIOS
Edición, introducción y notas de Evaristo Correa Calderón.

71 / Vicente Aleixandre
SOMBRA DEL PARAÍSO
Edición, introducción y notas de Leopoldo de Luis.

72 / Lucas Fernández
FARSAS Y ÉGLOGAS
Edición, introducción y notas de M.ª Josefa Canellada.

73 / Dionisio Ridruejo
PRIMER LIBRO DE AMOR. POESÍA EN ARMAS. SONETOS
Edición, introducción y notas de Dionisio Ridruejo.

74 / Gustavo Adolfo Bécquer
RIMAS
Edición, introducción y notas de José Carlos de Torres.

75 / POEMA DE MIO CID
Edición, introducción y notas de Ian Michael.

76 / Guillén de Castro
LOS MAL CASADOS DE VALENCIA
Edición, introducción y notas de Luciano García Lorenzo.

77 / Miguel de Cervantes
DON QUIJOTE DE LA MANCHA, Parte I (1605)
Edición, introducción y notas de Luis Andrés Murillo.

78 / Miguel de Cervantes
DON QUIJOTE DE LA MANCHA, Parte II (1615)
Edición, introducción y notas de Luis Andrés Murillo.

79 / Luis Andrés Murillo
BIBLIOGRAFÍA FUNDAMENTAL SOBRE «DON QUIJOTE DE LA MANCHA» DE MIGUEL DE CERVANTES

80 / Miguel Mihura
TRES SOMBREROS DE COPA. MARIBEL Y LA EXTRAÑA FAMILIA
Edición, introducción y notas de Miguel Mihura.

81 / José de Espronceda
EL ESTUDIANTE DE SALAMANCA. EL DIABLO MUNDO
Edición, introducción y notas de Robert Marrast.

82 / Pedro Calderón de la Barca
EL ALCALDE DE ZALAMEA
Edición, introducción y notas de José M.ª Díez Borque.

83 / Tomás de Iriarte
EL SEÑORITO MIMADO. LA SEÑORITA MALCRIADA
Edición, introducción y notas de Russell P. Sebold.

84 / Tirso de Molina
EL BANDOLERO
Edición, introducción y notas de André Nougué.

85 / José Zorrilla
EL ZAPATERO Y EL REY
Edición, introducción y notas de Jean Louis Picoche.

86 / VIDA Y HECHOS DE ESTEBANILLO GONZÁLEZ. Tomo I
Edición, introducción y notas de N. Spadaccini y Anthony N. Zahareas.

87 / VIDA Y HECHOS DE ESTEBANILLO GONZÁLEZ. Tomo II
Edición, introducción y notas de N. Spadaccini y Anthony N. Zahareas.

88 / Fernán Caballero
LA FAMILIA DE ALVAREDA
Edición, introducción y notas de Julio Rodríguez Luis.

89 / Emilio Prados
LA PIEDRA ESCRITA
Edición, introducción y notas de José Sanchis-Banús.

90 / Rosalía de Castro
EN LAS ORILLAS DEL SAR
Edición, introducción y notas de Marina Mayoral Díaz.

91 / Alonso de Ercilla
LA ARAUCANA. Tomo I
Edición, introducción y notas de Marcos A. Morínigo e Isaías Lerner.

92 / Alonso de Ercilla
LA ARAUCANA. Tomo II
Edición, introducción y notas de Marcos A. Morínigo e Isaías Lerner.

93 / José María de Pereda
LA PUCHERA
Edición, introducción y notas de Laureano Bonet.

94 / Marqués de Santillana
POESÍAS COMPLETAS. Tomo II
Edición, introducción y notas de Manuel Durán.

95 / Fernán Caballero
LA GAVIOTA
Edición, introducción y notas de Carmen Bravo-Villasante.

96 / Gonzalo de Berceo
SIGNOS QUE APARECERÁN ANTES DEL JUICIO FINAL. DUELO DE LA VIRGEN. MARTIRIO DE SAN LORENZO
Edición, introducción y notas de Arturo Ramoneda.

97 / Sebastián de Horozco
REPRESENTACIONES
Edición, introducción y notas de F. González Ollé.

98 / Diego de San Pedro
PASIÓN TROVADA. POESÍAS MENORES. DESPRECIO DE LA FORTUNA
Edición, introducción y notas de Keith Whinnom y Dorothy S. Severin.

99 / Ausias March
OBRA POÉTICA COMPLETA. Tomo I
Edición, introducción y notas de Rafael Ferreres.

100 / Ausias March
OBRA POÉTICA COMPLETA. Tomo II
Edición, introducción y notas de Rafael Ferreres.

101 / Luis de Góngora
LETRILLAS
Edición, introducción y notas de Robert Jammes.

102 / Lope de Vega
LA DOROTEA
Edición, introducción y notas de Edwin S. Morby.

103 / Ramón Pérez de Ayala
TIGRE JUAN Y EL CURANDERO DE SU HONRA
Edición, introducción y notas de Andrés Amorós.

104 / Lope de Vega
LÍRICA
Selección, introducción y notas de José Manuel Blecua.

105 / Miguel de Cervantes
POESÍAS COMPLETAS, II
Edición, introducción y notas de Vicente Gaos.

106 / Dionisio Ridruejo
CUADERNOS DE RUSIA. EN LA SOLEDAD DEL TIEMPO. CANCIONERO EN RONDA. ELEGÍAS
Edición, introducción y notas de Manuel A. Penella.

107 / Gonzalo de Berceo
POEMA DE SANTA ORIA
Edición, introducción y notas de Isabel Uría Maqua.

108 / Juan Meléndez Valdés
POESÍAS SELECTAS
Edición, introducción y notas de J. H. R. Polt y Georges Demerson.

109 / Diego Duque de Estrada
COMENTARIOS
Edición, introducción y notas de Henry Ettinghausen.

110 / Leopoldo Alas, Clarín
LA REGENTA, I
Edición, introducción y notas de Gonzalo Sobejano.

111 / Leopoldo Alas, Clarín
LA REGENTA, II
Edición, introducción y notas de Gonzalo Sobejano.

112 / P. Calderón de la Barca
EL MÉDICO DE SU HONRA
Edición, introducción y notas de D. W. Cruickshank.

113 / Francisco de Quevedo
OBRAS FESTIVAS
Edición, introducción y notas de Pablo Jauralde.

114 / POESÍA CRÍTICA Y SATÍRICA DEL SIGLO XV
Selección, edición, introducción y notas de Julio Rodríguez-Puértolas.

115 / EL LIBRO DEL CABALLERO ZIFAR
Edición, introducción y notas de Joaquín González Muela.

116 / P. Calderón de la Barca
ENTREMESES, JÁCARAS Y MOJIGANGAS
Edición, introducción y notas de E. Rodríguez y A. Tordera.

117 / Sor Juana Inés de la Cruz
INUNDACIÓN CASTÁLIDA
Edición, introducción y notas de Georgina Sabat de Rivers.

118 / José Cadalso
SOLAYA O LOS CIRCASIANOS
Edición, introducción y notas de F. Aguilar Piñal.

119 / P. Calderón de la Barca
LA CISMA DE INGLATERRA
Edición, introducción y notas de F. Ruiz Ramón.

120 / Miguel de Cervantes
NOVELAS EJEMPLARES, I
Edición, introducción y notas de J. B. Avalle-Arce.

121 / Miguel de Cervantes
NOVELAS EJEMPLARES, II
Edición, introducción y notas de J. B. Avalle-Arce.

122 / Miguel de Cervantes
NOVELAS EJEMPLARES, III
Edición, introducción y notas de J. B. Avalle-Arce.

123 / POESÍA DE LA EDAD DE ORO, I. RENACIMIENTO
Edición, introducción y notas de José Manuel Blecua.

124 / Ramón de la Cruz
SAINETES, I
Edición, introducción y notas de John Dowling.

125 / Luis Cernuda
LA REALIDAD Y EL DESEO
Edición, introducción y notas de Miguel J. Flys.

126 / Joan Maragall
OBRA POÉTICA
Edición, introducción y notas de Antoni Comas.
Edición bilingüe, traducción al castellano de J. Vidal Jové.

127 / Joan Maragall
OBRA POÉTICA
Edición, introducción y notas de Antoni Comas.
Edición bilingüe, traducción al castellano de J. Vidal Jové.

128 / Tirso de Molina
LA HUERTA DE JUAN FERNÁNDEZ
Edición, introducción y notas de Berta Pallarés.

129 / Antonio de Torquemada
JARDÍN DE FLORES CURIOSAS
Edición, introducción y notas de Giovanni Allegra.

130 / Juan de Zabaleta
EL DÍA DE FIESTA POR LA MAÑANA Y POR LA TARDE
Edición, introducción y notas de Cristóbal Cuevas.

131 / Lope de Vega
LA GATOMAQUIA
Edición, introducción y notas de Celina Sabor de Cortázar.

132 / Rubén Darío
PROSAS PROFANAS
Edición, introducción y notas de Ignacio de Zuleta.

133 / LIBRO DE CALILA E DIMNA
Edición, introducción y notas de María Jesús Lacarra y José Manuel Cacho Blecua.

134 / Alfonso X
LAS CANTIGAS
Edición, introducción y notas de W. Mettman.

135 / Tirso de Molina
LA VILLANA DE LA SAGRA
Edición, introducción y notas de Berta Pallarés.

136 / POESÍA DE LA EDAD DE ORO, II: BARROCO
Edición, introducción y notas de José Manuel Blecua.

137 / Luis de Góngora
LAS FIRMEZAS DE ISABELA
Edición, introducción y notas de Robert Jammes.

138 / Gustavo Adolfo Bécquer
DESDE MI CELDA
Edición, introducción y notas de Darío Villanueva.

139 / Castillo Solórzano
LAS HARPÍAS DE MADRID
Edición, introducción y notas de Pablo Jauralde.

140 / Camilo José Cela
LA COLMENA
Edición, introducción y notas de Raquel Asún.

141 / Juan Valera
JUANITA LA LARGA
Edición, introducción y notas de Enrique Rubio.

142 / Miguel de Unamuno
ABEL SÁNCHEZ
Edición, introducción y notas de José Luis Abellán.

143 / Lope de Vega
CARTAS
Edición, introducción y notas de Nicolás Marín.

144 / Fray Toribio de Motolinía
HISTORIA DE LOS INDIOS DE LA NUEVA ESPAÑA
Edición, introducción y notas de Georges Baudot

145 / Gerardo Diego
ÁNGELES DE COMPOSTELA. ALONDRA DE VERDAD
Edición, introducción y notas de Francisco Javier Díez de Revenga

146 / Duque de Rivas
DON ÁLVARO O LA FUERZA DEL SINO
Edición, introducción y notas de Donald L. Shaw.

147 / Benito Jerónimo Feijoo
TEATRO CRÍTICO UNIVERSAL
Edición, introducción y notas de Giovanni Stiffoni.

148 / Ramón J. Sender
MISTER WITT EN EL CANTÓN
Edición, introducción y notas de José María Jover Zamora.

149 / Sem Tob
PROVERBIOS MORALES
Edición, introducción y notas de Sanford Shepard.

150 / Cristóbal de Castillejo
DIÁLOGO DE MUJERES
Edición, introducción y notas de Rogelio Reyes Cano.

151 / Emilia Pardo Bazán
LOS PAZOS DE ULLOA
Edición, introducción y notas de Marina Mayoral.

152 / Dámaso Alonso
HIJOS DE LA IRA
Edición, introducción y notas de Miguel J. Flys.

153 / Enrique Gil y Carrasco
EL SEÑOR DE BEMBIBRE
Edición, introducción y notas de J. L. Picoche

154 / Santa Teresa de Jesús
LIBRO DE LA VIDA
Edición, introducción y notas de Otger Steggink

155 / NOVELAS AMOROSAS DE DIVERSOS INGENIOS
Edición, introducción y notas de E. Rodríguez

156 / Pero López de Ayala
RIMADO DE PALACIO
Edición, introducción y notas de G. de Orduna

157 / LIBRO DE APOLONIO
Edición, introducción y notas de Carmen Monedero.

158 / Juan Ramón Jiménez
SELECCIÓN DE POEMAS
Edición, introducción y notas de Gilbert Azam.

159 / César Vallejo
POEMAS HUMANOS. ESPAÑA. APARTA DE MÍ ESTE CÁLIZ
Edición, introducción y notas de Francisco Martínez García

160 / Pablo Neruda
VEINTE POEMAS DE AMOR Y UNA CANCIÓN DESESPERADA
Edición, introducción y notas de Hugo Montes

161 / Juan Ruiz, Arcipreste de Hita
LIBRO DE BUEN AMOR
Edición, introducción y notas de G. B. Gybbon-Monypenny.

162 / Gaspar Gil Polo
LA DIANA ENAMORADA
Edición, introducción y notas de Francisco López Estrada.

163 / Antonio Gala
LOS BUENOS DÍAS PERDIDOS. ANILLOS PARA UNA DAMA
Edición, introducción y notas de Andrés Amorós.

164 / Juan de Salinas
POESÍAS HUMANAS
Edición, introducción y notas de Henry Bonneville.

165 / José Cadalso
AUTOBIOGRAFÍA. NOCHES LÚGUBRES
Edición, introducción y notas de Manuel Camarero

166 / Gabriel Miró
NIÑO Y GRANDE
Edición, introducción y notas de Carlos Ruiz Silva

167 / José Ortega y Gasset
TEXTOS SOBRE LA LITERATURA Y EL ARTE
Edición, introducción y notas de E. Inman Fox.

168 / Leopoldo Lugones
CUENTOS FANTÁSTICOS
Edición, introducción y notas de Pedro Luis Barcia.

169 / Miguel de Unamuno
TEATRO. LA ESFINGE. LA VENDA. FEDRA
Edición, introducción y notas de José Paulino Ayuso.

170 / Luis Vélez de Guevara
EL DIABLO COJUELO
Edición, introducción y notas de Ángel R. Fernández González e Ignacio Arellano.

171 / Fedrico García Lorca
PRIMER ROMANCERO GITANO. LLANTO POR IGNACIO SÁNCHEZ MEJÍAS
Edición, introducción y notas de Miguel García-Posada.

172 / Alfonso X (vol. II)
LAS CANTIGAS
Edición, introducción y notas de W. Mettmann.

173 / CÓDICE DE AUTOS VIEJOS
Selección
Edición, introducción y notas de Miguel Ángel Priego.

174 / Juan García Hortelano
TORMENTA DE VERANO
Edición, introducción y notas de Antonio Gómez Yebra.

175 / Vicente Aleixandre
AMBITO
Edición, introducción y notas de Alejandro Duque Amusco.

176 / Jorge Guillén
FINAL
Edición, introducción y notas de Antonio Piedra.

177 / Francisco de Quevedo
EL BUSCÓN
Edición, introducción y notas de Pablo Jaural de Pou.

178 / Alfonso X, el sabio
CANTIGAS DE SANTA MARÍA (cantigas 261 a 427), III
Edición, introducción y notas de Walter Mettmann.

179 / Vicente Huidobro
ANTOLOGÍA POÉTICA
Edición, introducción y notas de Hugo Montes.

180 / CUENTOS MODERNISTAS HISPANOAMERICANOS
Edición, introducción y notas de Enrique Marini-Palmieri.

181 / San Juan de la Cruz
POESÍAS
Edición, introducción y notas de Paola Elía.